私の名前は、アン・クレシーニ。
自分のことを、つい、「アンちゃん」と呼んでしまう。
アメリカ・バージニア州出身。
今は、福岡県にある北九州市立大学で
応用言語学を研究しながら、
大学生に英語を教えている。
日本に住んではや20年。
来日したころは、
日本にも日本語にも興味が持てずに、
引っ越しで隣人の日本人に
「あの、その、……外人です」
としか言えなかったっけ。
そんな私がこんなにも、
日本語と日本の魅力のとりこになるなんて、
いったい誰が想像しただろう。

日本語に恋に落ちたのは、

「ちりばめられる」

という言葉がきっかけだった。

なんて美しい言葉だろう！

キラキラまばゆい宝石が脳裏に浮かんだ。

なんてきれいな音だろう！

舌が口の中で
躍動する心地よさを味わった。

私は、うっとりと、
日本語の世界に取り込まれていった。

「カキキュウカ（夏季休暇）」

「ビブンセキブン（微分積分）」

「セアカゴケグモ」

大好きな日本語のコレクションが
増えていった。

そのうちに、
京女の親友・マキコに出会い、
彼女を通して、
お茶、着物、三味線……
日本文化を1つずつ、
生活に取り入れていった。
長年患っていた摂食障害を
日本食の「味噌《みそ》」で克服してからは、
日本人と日本文化をもっと深く
理解したいという思いが強くなった。
日本に命を救ってもらった。
――そう思っているから。

ただ……

日本語は奥深い。
日本や日本語を学べば学ぶほど、
私は森に迷い込んだかのように、
わからない言葉、知らない表現、
文化の違いが生む誤解に出合うことになった。

「〜しにくい」と「〜しづらい」は違う？
「なおざり」と「おざなり」どう使い分ける？
「事実」「真実」って、同じじゃないの？
どうして「桜見」と言わずに「花見」なの？

学べば学ぶほど、
日本が大好きになればなるほど、
私を悩ませる、教科書には載っていない
日本語の繊細さ、多様性、不思議さ……。

勉強しても勉強しても、
わからないことだらけ……
もう、どうしたらいいの——!?
誰か、一日中つきっきりで、
アンちゃんに日本語を教えて——!!
——そのときだった。
ばってん福岡
日本語

「アンちゃん、お呼びでしょうか。
はじめまして、宮本です」

……日本語の番人、元NHKアナウンサーが現れた。

その日からというもの、
アンちゃんと宮本さんの
日本語猛特訓が始まった。
わからない単語があればすぐにメールし、
宮本さんは収録中を除いてすぐに、
長文の返事をくれた。
会えば日本語談義に明け暮れた。
日本語と日本の奥深さにどっぷりつかった、
夢のような日々が始まった。

教えて！宮本さん

語がすぎる！

見したすごい日本

宮本隆治
元NHKアナウンサー

サンマーク出版

日本人が
無意識に使う
日本
不思議

外国人目線で再

アン・クレシーニ
応用言語学者 北九州市立大学准教

日本語を習う人

アン・クレシーニ

見た目は鼻ピアスにジャラジャラネックレスのヤンキー外国人。だがその正体は、言語学者で大学で英語を教える准教授。博多弁を話す。親友・マキコとの出会いと、長年の摂食障害を日本食の「味噌《みそ》」で克服した経験から、日本のすばらしさに開眼。以降20年に及ぶ日本生活の中で、日本や日本語が「好きすぎてたまらん」域に。日本人が次々と生み出す若者言葉、略語、和製英語のクオリティとおもしろさに感動し研究に没頭。テレビ番組出演時に宮本隆治氏と出会い、猪突猛進の勢いで日本語を教わる。今いちばん好きな日本語は「夏季休暇」と「セアカゴケグモ」(いずれも響きに恋をした)。トレードマークは原宿で購入する日本語Tシャツ。

日本語を教える人

宮本隆治

かつて「ミスター NHK」と呼ばれた、日本語の番人。NHK「のど自慢」や「紅白歌合戦」の司会を歴任。フリーに転身後も、美しい話し方と心をつかむ声で世間を魅了し続ける。近年の使命は「正しく美しい日本語の話し方を後世に伝えていくこと」だったが、ある日、ヤンキー姿で流暢《りゅうちょう》な博多弁を話す外国人アン・クレシーニに出会い、「これほどまでに日本語を愛し学ぼうとする外国人がいるとは」と感動。アンの熱意に心動かされ、日本語を教えるようになる。外国人ならではの独特の視点から、日本語の美しさを広く日本人に再発見させる逸材としてアンの活動を見守っている。アナウンサー業のかたわら、アンの日本語への素朴な疑問、鋭い質問に答える日々。

第1章

微妙な違いで一変する「おもしろすぎる日本語」

第3章

相手を重んじて生まれる「優しすぎる日本語」

第4章

情緒と四季の豊かさが息づく「美しすぎる日本語」

ブックデザイン　萩原弦一郎（256）
イラスト　なとみみわ
構成　MARU
写真　草野裕司
本文DTP　二階堂千秋（くまくま団）
編集協力　乙部美帆
編集　橋口英恵（サンマーク出版）

微妙な違いで一変する「おもしろすぎる日本語」

第1章

教えて！ 宮本さん

「悲しい」と「寂しい」はどう違う？

微妙な表現の使い分けがわからず「やるせない」

日本語って表現がものすごく繊細。アンちゃんにはいまだに理解できない微妙な違いがたくさんだ!!

日本語にはそもそも、YES、NOではない「中間」を表現する言い回しがたくさんありますからね。

「切ない」とか「虚《むな》しい」とか「寂しい」とか「悲しい」とか「やるせない」とか……どれも同じに思える！

言葉は漢字にして考えるとわかりやすいですよ。「やるせない」は、最近はひらがなで書かれることが多いのですが、**漢字では「遣る瀬無い」と書きます。「遣る」「瀬」「無い」の3つに分けられま**

すね。ときおり、年配の方が「あの子を遣ったからよろしく」というような言い方をしますが、「遣る」というのは「行かせる」という意味。「瀬」は川や海の浅瀬のこと。ですから、**「遣る瀬無い」は「船をつけられるような浅瀬がない」ということから、「物事がうまくいかず、どうする手段もない」という意味で使われるようになりました。**

なるほど！　語源をたどると、意味がわかりやすい！

ところがその後、いつの間にか「やるせない」を「やるせぬ」と言う誤用が広まりました。「やるせぬ思い」「やるせぬ胸の内」といった言い回しです。かつてヒットした歌謡曲の中にも、「やるせぬ」という表現が出てくるのですが、これはあまり知られていない誤用かもしれません。

有名な歌にも誤用が！

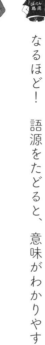

本来「遣る瀬無い」は、名詞である「瀬」に否定の形容詞「無い」がついた形容詞なのですが、この「無い」を打ち消しの助動詞と勘違いし「ぬ」に置き換えて「やるせぬ」としてしまったものと考えられます。「ゆるせぬ態度」「果たせぬ夢」と言い回しの響きは似ていますが、本来は、「遣る瀬」が動詞でなくては成り立たないのです。

もともとの使い方を知るって、大事ってことだ。

そうですね。では、本題に戻って「切ない」を見てみましょうか。

「切ない」には「切」という漢字が使われていますから、「胸が切られるように痛い」という意味で使います。

「悲しい」の「悲」という漢字には「非」という字が使われていますね。「非」には、離れるという意味があります。そ

の下に「心」があるので、「悲しい」は、「人が離れていって心が痛むこと」と、とらえることができます。

「寂しい」の「寂」という漢字には、人が死の世界に旅立つという意味があり、人気《ひとけ》のない静かな情景を表しています。

また、読み方は本来は「さびしい」と読みます。「さみしい」は江戸時代あたりから使われるようになったと言われています。

「寂しい」は、心の状態ではなくて、情景を表す言葉ということ?

本来はそうです。感情を表すときにも使えますが、**より情緒面や感情に焦点を当てるときは「淋しい」を用いることがあります。**「淋」は常用漢字ではありません。

「非」「無」「不」「未」はどう違う？

「悲しい」「遣る瀬無い」には、「非」や「無」という否定の漢字が使われているけれど、「非」や「無」の使い方が正直わからない。上手に使いこなす方法が知りたい！

否定語の使い方ですね。では、頭につけることで、後ろにつく言葉を否定する漢字について考えてみましょう。アンちゃん、「非」や「無」以外に思いつく漢字は何ですか？

「未」と「不」かな。未定、不定、とか、同じ言葉につけたときの意味の違いがときどきわからなくなる。

それぞれの漢字の意味を整理してみましょう。

「非」は、～ではない、～がない
「無」は、存在していないこと
「不」は、～しない、～でない
「未」は、まだ～ではない

という意味を考えると、「非」は本来あるべきものが「そうではない」と否定されるとき、「無」はそれ自体がないという意味で使用する。「不」は、その後にくる言葉を打ち消すときに使い、「未」は、まだそれが来ていないことを意味します。

同じ単語につけて使うこともあります。

「非合理」は、「知性や理性では理解ができない」という意味で、

「不合理」は、「道理に合わず、論理的に筋が通らないこと」を指します。

「未公開」は、「公開される予定があるけれど、まだされていない」という意味で、「非公開」は、「公開される予定がない」という意味になります。

この本の発行日は未定だけど、非売ではない。

その通りですね（笑）。

教えて！ 宮本さん

「憮然」って怒っているわけじゃないの？

漢字そのものの意味から推測できる日本語

宮本さん、アンちゃんは最近「呆然《ぼうぜん》」「愕然《がくぜん》」「憮然《ぶぜん》」って言葉を知った。どれもゾクゾクする漢字だね。でも、どうやって使い分ければいいのかと思って英語を調べたら全部「They are stunned」でびっくりしたよ！

日本語の細かい使い分けは外国人の方には難しいかもしれませんね。日本人でもその意味を正しく理解し使うことができる人は少ないと思います。

日本語は複雑で、単語の細かいニュアンスを知りたくて和英辞典を開いても、英語だと同じ表現になる言葉がいっぱいで困る！

その場合は、まず、漢字が持つ意味を理解してみましょう。漢字は、意味を形に置き換え表現した表意文字ですからね。「呆然」「憮然」「愕然」

にはそれぞれ、「然」という漢字が使われています。アンちゃん、「然」がつく言葉を思いつきますか？

「自然」「依然」「雑然」「当然」……あ、あと「一目瞭然」とか！

「一目瞭然」が出てくるなんてすばらしいですね。では、それらの意味を考えてみましょう。

「自然」は、山や川など、人為的ではないもの、ありのままの状態。

「依然」は、前と変わらない様子。

「雑然」は、いろいろなものが混じり合ってまとまっていない状態。

「当然」は、誰から見てもその状態が当たり前であること。

「瞭然」は、明白で、はっきりしていて疑いようがない様子。

こうして単語の意味合いを見ていくと、**「然」というのが、状態や様子を表しているのがわかる**と思います。その前につけられた漢字の意味を探ると、それぞれの単語の微妙な違いが見えてきます。

漢字から意味をとらえていくとわかりやすいのか。

その通りです。では、まずは呆然から見ていきましょう。

「呆然」の呆《ほう》という漢字には、感覚が鈍ってぼんやりとする、意外に思って驚くという意味があります。

そこから考えると**「呆然」とは、意外に思って驚き、感覚が鈍ってぼんやりした状態**というのがわかります。また、**ショック状態が長く続いている様子**だと理解できるはずです。

　彼は事態が飲み込めず、呆然としていた

というように使います。

「愕然」の愕《がく》という漢字には、思いがけないできごとに衝撃を受けて非常に驚くという意味があります。体の状態よりも心の状態を指していま す。

そこから考えると、**「愕然」とは、思いがけないできごとに衝撃を受けて非常に驚いた状態**だと理解できます。その意味から考えて、呆然よりも驚きの度合いが強くなることもわかりますね。

騙《だま》されたことを知って、愕然とした

というように使います。

「憮然」の憮《ぶ》という漢字には、失望や落胆、がっかりするという意味があります。

そこから考えると**「憮然」とは、失望してがっかりした状態**だと理解できます。

憮然としてため息をついた

というように使います。

ただ、「憮然」は、1990年ごろから「ムッとして腹を立てている様子」を指す言葉として、誤用されるようになったといわれています。2007年に文化庁が実施した「国語に対する世論調査」の中では、「憮然」を「失望してぼんやりとしている様子」として使う人は17・1%で、「腹を立てている様子」として使う人が70・8%という結果に。現在では「腹を立てている様子」という意味も正しいとされています。

「憮然」は本来の漢字が持つ意味から、誤用を通って市民権を得たんだね。ん——表意文字かぁ！　ワクワクして今晩眠れないよ！　日本語、奥が深すぎる！

まだまだある、驚きを示すたくさんの言葉

日本語には2字熟語以外にも、たくさんの驚きを示す表現があって、アンちゃんはそれにしょっちゅう驚いている。

日本語の美しさというのは、表現の微細さに比例していると思います。アンちゃんは、驚きを示す言葉で何が思い浮かびますか。

「絶句する」も、呆然とするに近いのかな。あとは、「言葉を失う」とか「言葉が見つからない」など、驚くと日本人は何も言えなくなるんだって思う（笑）。英語のsurpriseだけではとても表現できないね。きっと、英語圏の人がこの奥深さを知ったら愕然とするよ。

言われてみるとそうですね。これらの慣用句を、先ほどの「呆然」「愕

然」「憮然」に照らして考えると、当てはまるのは、

呆気《あっけ》にとられる、呆《あき》れてものが言えない、は「呆然」。

衝撃を受ける、絶句する、仰天する、は「愕然」。

というようなところでしょうか。

アンちゃんはいつも、日本語の奥深さに度肝を抜かれているよ！

教えて！宮本さん

「事実」と「真実」はどう違う？

刑事ドラマを見ているアンちゃん
なぜ私やお母さんを置いて出て行ったの？
おまえ達を置いて出て行ったのは事実だ でも本当はおまえ達と一緒にいたかった それが真実だ
「置いて出て行った」は事実で
「一緒にいたかった」は真実？
事実と真実の違いって何？
宮本さ――ん

ばってん福岡

事実はいつも1つ、真実は人の数ほど存在する⁉

宮本さん、大変だ！　アンちゃん、真実と事実って同じ意味だと思っていたけど違うと⁉

真実と事実。おもしろいところに目をつけましたね。日頃からよく使う言葉ですが、真実と事実の違いを正しく説明できる日本人は多くないかもしれませんね。まず、アンちゃん、この2つの単語に使われている漢字「実」の意味はわかりますか？

実は……ってよく言うよね。だから、本当のところは、みたいな。

そう。さすがアンちゃん。真実も事実も、嘘偽《うそ》りのないことを指しています。**事実とは実際に起こった嘘偽りのない事柄のことを指**

します。でも、真実は事実に対する偽りのない解釈のことなのです。

事実は誰が見ても変わらないけれど、真実は人によって変わるということ?

その解釈で間違いないと思います。使い方を見ていくとさらによくわかります。「事実」を使う言い回しは、

事実を捻《ね》じ曲げる
事実が判明する
周知の事実
事実無根

となります。どれも、絶対的なものとして扱われているのがわかるで

しょう？

一方、「真実」は、

真実を打ち明ける
真実を述べる
真実を告白する
真実味がある

となります。打ち明ける、述べる、語る、というように、人の口から語られる印象になるのがわかりますか。事実は実際に起きた事柄、真実はその事柄に対する解釈が入るということです。**事実には人が関与しないが、真実には人が関与する。**おもしろいのは、だから**こそ、事実には反論できませんが、真実には反論できるということです。**

真実は人の解釈だから「私はそうは思わんけど」って言ってもいい。

そうです。真実は、人の心の動きであり解釈ですから、人の数だけあります。

たとえば、日本で軟水を出された外国人にとって「これは水です」は事実。でも、自分の認識している水とは違っているから「私にとってこれは水ではない」は真実。そして、真実は人の解釈だから、アンちゃんが「これも水やけんね。それが真実なんよ」って反論してもいいってこと？

そうです（笑）。軟水と硬水で例を出してくるところが、アンちゃんらしいですね。他に、事実と真実という言葉がよく使われるのが刑事ドラマです。Aさんが Bさんを殺してしまったのは事実。もし犯人が「殺そうと思っていなかった」としたら、それは犯人にとっての真実です。

殺したのは事実だから「殺してないかもしれんやん」って反論できないけど、殺そうと思っていなかったのは真実だから「本当は殺す気はあったやろ？」って反論できる！　すごい！　おもしろい！

そう、**真実は人の解釈**。だから、**事実は「明かす」、真実は「語る」と言う**のです。

事実は1つ。真実は人の数ほど。

その通りなのですが「歴史的な事実」については解釈が少し変わってくるのです。

歴史的な事実？

先ほど挙げた例に「周知の事実」がありましたね。本当に起きたかどう

かはっきり解明されていないことでも、日本中の人がそうであると認識していることについては、事実ととらえられることがあります。歴史はまさに周知の事実の宝庫。たとえば、鎌倉幕府。一昔前は1192年に成立したと考えられてきましたが、10年ほど前から1185年ではないか、と言われはじめた。10年前までは1192年に鎌倉幕府成立が事実でしたが、今は違います。ですから、**歴史的な事実とは、100%起きたかどうかはわからないが社会が事実として扱っていること**と言えます。

教科書に載るくらいに、「周知の事実」としてとらえられていることは、100%正しくなくても事実と扱われるわけか。だから、「歴史的な真実」とは言わないんだ。たしかに「アンちゃんは鎌倉幕府はなかったと思う！」って、反論しづらいね（笑）。

そういうことです。

では「真理」ってどんなときに使う？

アンちゃん、「既成事実」の意味はわかりますか。

キセイ？　わからない……。

「既成」はすでにできあがっているものを指します。**「既成事実」は、すでに起きてしまって、変えられない事実、認めざるをえない事柄**という意味です。使用される場面としては、恋愛やビジネスの場までさまざまです。

恋愛の場合は、

子どもができたことを既成事実として、2人の結婚を認めてもらった

ビジネスの場合は「独断で仕事を進めること」を指していて

（会社の決裁を待っていたらいつまでたっても交渉が進まないので）既成事実を作ったことで、結果的にうまくいった

既成事実を作り、プロジェクトを認めてもらった

というように使います。どちらも事後承諾に近い意味です。

先に事実を作ってあとで報告して認めてもらうということか。それって、事実の中でも、ちょっとズルい事実だね。でも、事実だから、反論できない！　アンちゃんも、お手上げだ（笑）。

ちょっとズルい事実、そうかもしれませんね（笑）。もう1つ、既成事実に化をつけて「既成事実化」と言うと、すでに現実になっていることを、改めて認め事実として受け入れるという意味になります。

これは、たとえば、

地域で人気となっているご当地ゆるキャラを既成事実化して公認キャラクターにする

というような使い方をします。

真実や事実に似た言葉で、真理という単語もあるよね？　真実や事実とはどう違うの？　アンちゃんの中では「真理」は、聖書にある「わたしが道であり、真理であり、いのちなのです」って言葉の印象が強くて、キリスト教用語という認識なんだけど。

真理は、まことのことわり、と書きます。普遍的な理法、つまり絶対変わりようがないことを意味しています。「人が死ぬのは真理だ」と言うように。また、アンちゃんが言うように、宗教や

物理用語として使われることが多くあります。

では、宗教によって真理は変わってくるということか。

仏教で言うところの真理の1つには、たとえば「諸行無常」があげられるでしょうね。

ショギョウムジョウ？　なんかカッコイイ！

仏教用語で「現実の世界のあらゆる物事は、絶えず変化し続ける」という真理のことです。

キリスト教では、神が子を愛しているのが真理。「あなたが神様を信じていなくても、神様があなたを愛しているのは絶対です」と言う。真理は反論できないから真実とは違うし、宗教によってその絶対が違うなら

事実とも違う。だけど、その宗教を信じる人にとっては絶対本当っていうのはすごくわかる。

事実と真実は、過去に対する判断で、真理は宗教や物理の世界で永遠に変わらないものを指す、と考えるとわかりやすいかもしれません。

真理は未来永劫《えいごう》、エターナル！　宮本さん、アンちゃんは今日も、日本語の美しさに感動した！　これがアンちゃんにとっての真実よね！　そして、真実だけど、誰にも反論してほしくない。

教えて！ 宮本さん

「ニッポン」と「ニホン」どっちが正しい？

宮本さんと対談中
宮本さんは日本をニホンではなくニッポンと言っているなぁ
頑張れニッポン!!
ニッポン!!
ニッポン!!
お、サッカーの応援はニッポンだ！
日本海はニホンカイ
日本一はニッポンイチ
NEWS
あれ、でもニホンもニッポンも混ざっている
本当はどっちが正しいと？
宮本さーん!!
はーい！
ニホン
ニッポン
日本

ばってん福岡

なぜ「ニホン」と読むほうが多い？

宮本さんはよく、日本のことを「ニッポン」と言ってる気がする。でも、巷《ちまた》では「ニホン」だったり「ニッポン」だったり両方あるよね。

私が在籍していた**NHKでは、正式な国号として使う場合は「ニッポン」、その他の場合は「ニホン」と「ニッポン」とを読み分けています。**1934年に放送用語に関する委員会が立ち上がり、第1回の議題が「ニッポン」と「ニホン」の読み方についてでした。委員会には文部省や国語の研究者らが集まり、国号として使用する場合は「ニッポン」にすると決めました。外国語表記も「JAPAN」ではなく「Nippon」とする案が示されましたが、正式決定はされませんでした。

さらに2009年には、政府が「統一する必要はない」としています。

では、どっちかわからない、どっちでもいいの？

そうなります。

アメリカでも、ＵＳＡと言ったり、アメリカ合衆国と言ったりするから、そういう感じなのかな。でも、国名が２つあるなんて、アンちゃんは愕然とする。

実際、**かなり曖昧に使われていて、固有名詞も両方使用**されています。たとえば、東京にある日本橋はニホン橋ですが、大阪の地名の日本橋はニッポン橋です。日本大学はニホン大学ですが、日本体育大学はニッポン体育大学です。また、どちらでもよいとされる場合、ＮＨＫは次のように読んでいます。

【ニッポンと読む語】

日本（国号）・日本永代蔵・日本国・日本国民・日本賞・日本放送協会など

【ニホンと読む語】

日本画・日本海・日本海溝・日本海流・日本髪・日本酒・日本書紀・日本脳炎・日本料理など

【どちらも読む語】

日本一・日本記録・日本犬・日本三景・日本時間・日本男子・日本刀・日本晴れなど

固有名詞はそれぞれ、覚えるしかないってことだ。難しいなぁ……。

「ニホン」か「ニッポン」か。日本人もかなり感覚的に使い分けていますからね。でも、どちらでもいい場合は「ニホン」と発音されることが圧倒的に多いようです。「ニッポン」と発音する場面を数えてみると、そう多くないことがわかるでしょう。

圧倒的に「ニホン」と読んでいるというわけだね。

言葉というのは、時代を超えて、省エネを目指す傾向があるのです。ニッポンという発音は破裂音でニホンよりも発音にエネルギーが必要ですね。そうすると、時代を経て、ニホンのほうが使われるようになっていくのは自然な流れとも言えます。

なるほど！　省エネ！　それは、若者たちが使う和製英語や略語にも言えるね。

その通りです。ＮＨＫ放送文化研究所も、過去に何度か調査していま

す。『東京ふしぎ探検隊』（日経プレミアシリーズ）によれば、国の名前は「ニホン」がいいか、「ニッポン」がいいか尋ねたところ、最も古い1963年の調査では、ほとんど差がなかったそうです。ところが、1993年の調査では、「ニホン」が58％、「ニッポン」が39％。2003年の調査でも、「ニホン」61％、「ニッポン」37％とニホン優勢になったそうです。

1964年の東京オリンピックでは、日本選手のユニフォームの国名は「NIPPON」でした。今は「JAPAN」ですね。

言葉の省エネが止まらない！（笑）。でも、どちらでも正解なら、どうして宮本さんは「ニッポン」と言うの？

NHKで国号としては「ニッポン」と決められていたことと、略語や省エネではなく、言葉を発するときには、エネルギーを使って正しく美しく話したいと思うからです。

さすが、日本語の門番の宮本さん！　アンちゃんは、超省エネの若者言葉もいっぱい使うけど、きちんと話す場面ではエネルギーをいっぱい使って「ニッポン」と言うことにする。ニッポンもニッポン語も大好きだ！

オリンピックを「五輪」と呼ぶようになったわけ

言葉を略すのは日本語の特徴でもありますね。特にカタカナ語は長いから、新聞など、文字制限がある原稿では書きづらかった。オリンピックを「五輪」と呼びますが、これは１９６４年の東京オリンピックがきっかけです。

オリンピックの「オリン」と「ごりん」は音が似ているけど。

そうですね。実は、オリンピックが「五輪」と言われるようになったのは、当時の読売新聞の記者によるものでした。新聞の見出しに、6文字も使うのは長すぎる。何かいい略語はないかと考えたのがきっかけだったそうです。

そうなんだ！「オリンピック」と「五輪」、なんだか響きもあっていてしっくりくるね。

五つの輪がオリンピックのシンボルですから、漢字がそれを表わしていますし、当時その新聞記者は、宮本武蔵の「五輪書」の記事を読んでいたこともあり「これだ！」と思ったそうです。五輪という言葉は略語とはまた少し違いますが、短くする感性を日本人は持っているということでしょう。

それは本当にそう思う。若い人たちと話しているととくに、略語ばかり

で目が回りそうだよ！

今は、一般の人たちの間でも多くの言葉が省略されていますね。地名では、二子玉川を「にこたま」と呼び、さらに、字数制限があるSNSの普及で、長い言葉、呼びにくい言葉は、どんどん略されるようになりました。これは人間が、いかにエネルギーを使わず生きていくか。無意識で、それを実践していることのあらわれだと思うと、とても興味深いものです。

「依存心」「他人事」正しく読めますか？

日本語が「省エネ」によってよく略されることがわかったよ。ニホンとニッポンがどちらも間違いではないというのがわかってよかった。でも、明らかに読み方を間違えている言葉もいっぱいあるよね。

そうですね。市民権を得つつある誤用もたくさんあります。

アンちゃんは、正しい日本語をもっと知りたい。

では、日頃よく使う、読み間違いの多い日本語を挙げてみましょう。

「雰囲気」……その場にいる人たちが作り出している気分

○ふんいき

×ふいんき

「一段落」……物事が一区切りして片づくこと

○いちだんらく

×ひとだんらく

「貼付」……貼りつけること

○ちょうふ　○てんぷ（慣用読み）
×はりつけ

「進捗」……物事がはかどること
○しんちょく
×しんぽ

「依存心」……人に寄りかかる、頼る気持ち
○いそんしん
×いぞんしん

「出生率」……一定の人口に対する、その年の出生数の割合
○しゅっしょうりつ
×しゅっせいりつ

「代替」……代用品のこと
○だいたい
×だいがえ　×だいかえ

「至極」……最上の状態、境地
○しごく
×しぎょく　×しきょく

「重複」……同じ物事が重なっていること
○ちょうふく
×じゅうふく

「相殺」……帳消しになること。相反するものが打ち消しあうこと
○そうさい

×そうさつ　×あいさつ

「月極」……1か月単位で駐車場などの賃貸契約をすること

○つきぎめ

×げっきょく　×げつきょく

「他人事」……自分が関わらなくてもよい、関係のないと思えるできごと

○ひとごと

×たにんごと

「各々」……1人ひとり、各自

○おのおの

×かくかく

「席捲」……激しい勢いで自分の勢力を広げること

○せっけん

×ざかん　×せっかん

どうですか？　きちんと正しく覚えていましたか？

うーん、知らない単語もいっぱいあったね。この間違いは他人事とは思えない！

さっそく、正確に使っていますね。これらの読み間違いは、ときおり、テレビに出ている人たちにも見かけます。学生時代はよいですが、ビジネスの場では読み方を間違えないようにしたいですね。

他人事じゃないね。各々頑張らなくっちゃ。

「土地勘」は元々は間違い!?

また、読み方が同じでも、本来とは違う漢字で間違えて覚えているものも結構あります。たとえば、「ちゃぶだい返し」って聞いたことがありますか?

あるある! めちゃくちゃ怒ることよね。

そうです。せっかくのお膳立てを、怒りで台無しにしてしまうことを指します。では、この「ちゃぶだい」とは何のことでしょう?

ええっと、日本で畳の上に置かれている食事用の座卓ではないのかな?

正解です。では、漢字はどう書きますか?

ご飯を食べるし「茶ぶ台」って書いてあるのを見たことがある。

そう思いますよね。実は、不正解なのです。本来は「卓袱台」と書いて「ちゃぶだい」と読みます。もともとは、中国語なのです。テーブルクロスのことを中国語で「卓袱《ちょうふ》」と言っていてその発音が元になっていると言われています。ちなみに、中国料理や西洋料理が日本化した長崎の宴会料理のことは、同じ漢字を書くけれど「卓袱《しっぽく》料理」と言います。

これは、勘違いしやすい。難しすぎて、外国人の私にはさっぱり理解できん。でも安心して！　アンちゃんは卓袱台をひっくり返したりしないよ！

最近日本には、卓袱台があまりありませんしね（笑）。

宮本さん、他にも、日本人でも間違えた漢字で覚えている慣用句ってある？

あります。最近は、ひらがなで書くことが増えた言葉は、間違って覚えている人も多いと思います。

たとえば、

「いたぶる」は、「甚振る」が正解。「痛ぶる」は間違いです。

本来の意味は、激しく揺り動かすこと。そこから、自分よりも弱いものを痛めつけたり、嫌がらせをしたりすることという意味が生まれました。

「ちりばめる」は、「鏤める」が正解。「散りばめる」は間違いです。

金銀、宝石などを一面に彫《ほ》ってはめ込むという意味です。

「なげうつ」は、「擲つ」が正解。「投げ打つ」は間違いです。

意味は、投げ捨てる、惜しげもなく差し出すとなります。

「こころなしか」は、「心做しか」が正解。「心無しか」は間違いです。

心の中でそう思うことという意味です。

「たまにきず」は、「玉に瑕」が正解。「玉に傷」は間違いです。

優れていて立派であるが、ほんの少し欠点があることを意味します。「玉」は優れているもの、「瑕」は不完全なことを指します。

「ことのほか」は、「殊の外」が正解。「事の他」は間違いです。

意味は、思いのほか、予想に反して程度がはなはだしい様子。

「とちかん」は「土地鑑」が正解。「土地感」は間違いです。

今では辞書にも記載のある「土地勘」のほうが知られていますが、元の意味から言えば「土地鑑」が正解です。これは元は警察用語で、「鑑識」

「鑑定」同様、「鑑」には「見分け」「判断」という意味があります。その土地の事情に通じていることを指します。

「おんのじ」は「御の字」が正解。「恩の字」は間違いです。

「御」という字は、尊敬の意を示したり、名詞の頭につけて丁寧に言うときに用いる言葉なので、「御」をつけたくなるほどありがたいという意味です。

「ききいっぱつ」は「危機一髪」が正解。「危機一発」は間違いです。

髪の毛一本ほどわずかな差で、危機に陥るかどうかの瀬戸際、という意味で使います。大きな危機が一発ある、ではないので注意しましょう。といったところでしょうか。

わー、これって殊の外、難しい！　アンちゃんは日本に来たころ、「台

風一過」を「台風一家」、「波浪警報」を「ハロー警報」だと思っていた。
耳で聞いて覚えると、間違いやすい。

ハロー警報ですか（笑）。警報よりも吉報を想像させますね。アンちゃんの発想力には脱帽です。

脱帽って？

敬意を表して、被っている帽子を脱ぐことから、相手に敬意を示すことですよ。

教えて！　宮本さん

「鳥肌が立つ」のは感動したとき？怖いとき？

「事件に巻き込まれた可能性」と言ってはいけない!?

言葉は、時代とともに使い方が変わっていくものです。辞書も版を重ねるごとに変わっていく。それが言葉の性質ですが、それによって誤用も増えています。

外国語として日本語を学ぶと、教科書で習ったことと日常会話の中での使い方が違っていて、「あれ?」と思うことが多いね。

そうですね。日常会話で使っていると、何が正しいのかが徐々にわからなくなっていきます。ですから、アンちゃんの疑問や指摘はとても価値があると思います。最近は日本語の使い方の移り変わりを「日本語の乱れ」と言いますが、実は、清少納言《せいしょうなごん》も『枕草子』の中で「日本語の乱れ」を憂いていたようです。

セイショウナゴンって誰？

平安時代の女性作家です。

日本の昔の作家さんが「最近の若い者は」って思ってたんだ。なんだかおもしろい。

はい。ですから、少しずつ意味を変えながら、変化していくのは、「言語」がたどる道なのでしょうね。とはいえ、今正しいとされている日本語を、美しく使いたいですね。

もちろん。アンちゃんは清く正しく美しい日本語が知りたい！

では、文化庁が毎年行っている「国語に関する世論調査」から、クイズ形式で使い方を学んでみましょうか。AとB、どちらが正しいと思いま

すか？

A　あまりのすばらしさに**鳥肌が立った**

B　あまりの恐ろしさに**鳥肌が立った**

これは両方正解かな。

答えはBです。**「鳥肌が立つ」は、本来は寒さや恐怖のために、皮膚が鳥の毛をむしり取ったあとの肌のようにぶつぶつになることを指しています。**最近は「感動して鳥肌が立つ」という言い方をする人が増え、この意味を記載した辞書もありますが、本来は、恐ろしい目にあったときに使います。

では第2問。

A　まだ過去のことに**こだわっている**

B　食材にはとことん**こだわっている**

うーん、どちらもよく聞くよ。わからん……。

正解はAです。**もともと「こだわる」には「さし障る」「妨げとなる」という意味があります。ですから、本来は、些細《ささい》なことをいつまでも気にする。必要以上に気にすることを指します。**

悪い評価に用いられる言葉なんだ。知らなかった。

本来はそうです。しかし、１９７０年代後半、流行を追う雑誌がたくさん生まれました。個性が重要視される中で、若者たちは、自分ならではのものに執着することをお洒落なことだと思うようになったのではないか、という説があります。

そっか。アンちゃんが、上品なヤンキーにこだわるのと同じやね。

上品なヤンキー。まさにアンちゃんの代名詞ですね。
では第3問。

A **悩ましい**目つきで誘惑する

B AかBかの選択は**悩ましい**問題だ

うーん、Aかな。でもBも間違っていないような気がする。

すばらしい、正解です。「**悩ましい**」**には本来「官能が刺激される」という意味があります。**しかし、もともと「悩みを感じる」という意味もあり、近年では辞書などでもその意味が追加されています。
では第4問。

A　彼は理科**系**に進んだ
B　この曲は癒し**系**だね

これはA。だって、「癒し系」は若者言葉よね。

正解。アンちゃんの専門分野ですね。癒しをもたらす人物や物体、詩などを「癒し系」と表現することがありますが、本来は誤用。流行語がそのまま市民権を得た言葉です。**「系」という字には、系統という意味があります**から、「理科系」は、理科の系統という意味で使われます。

では第5問。

A　**足をすくわれる**から気をつけよう
B　気を抜くと**足元をすくわれる**

これはわからんね。

「足をすくう」は、相手の隙をついて失敗させることを意味します。まず「すくう」の意味ですが、これは相撲の技からきています。「小股掬《こまたすく》い」のように、相手が踏み込んだ足を内側から掬って横に払うことを意味します。そこから考えると、払うのは具体的な体の一部分、足。足元ではありません。最近は「足元をすくわれる」を使う人が増えてきていますが、「足をすくわれる」が正解です。

では第6問。

A　彼には大きな**可能性**がある

B　台風が来る**可能性**がある

どちらも合っているように思うよ。

アンちゃんがそう思うのも無理はありません。なぜなら、ニュースでも最近この「可能性」を間違って使ってしまっているからです。「台風が来る可能性がある」とか「事件に巻き込まれた可能性がある」は実は誤用です。

ええっ!?　よく聞くのに!?

そうなんです。テレビの報道でもときおり使われているのを耳にして、釈然としない心持ちになります。**「可能」と言うのは「できる」と言う意味です。「できる」には、完成させる、その能力があるという、非常に前向きな意味があります。希望を感じさせる言葉**です。

ああ、だから、殺人事件や台風情報に「可能性があります」って言ってはダメってこと!　それはとても大事ね。

その通りです。「台風が来る可能性がある」と言うと「台風が来ることを望む」という意味になりますし、「事件に巻き込まれた可能性がある」と言うと「事件に巻き込まれていてほしい」という意味を含んでしまうのです。

それは、使うときに気をつけなくてはいけない言葉だ。でも、正確にはどう言ったらいいの？

「事件に巻き込まれた恐れがあります」や「台風が来る危険性があります」ですね。

アンちゃんは大事なことを教えてもらった。これで、もっと日本語が上達する可能性が高まったよ。

教えて！ 宮本さん

「乾きにくい」「乾きづらい」どっちが正解？

「存亡の危機だ！」の誤りとは？

日本語には、すごく似ているけれど意味が違う言い回しがあったり、使っているうちに間違って使うようになったりしているものがすごくたくさんあって、正しいのか、正しくないのかわからなくなることがある。

そうですね。誤用を大勢が使うようになると、本来の使い方のほうが間違って感じるようになります。では、引き続きクイズ形式で、似ているけれど違う意味を指す日本語や、多く使われているけれど使い方が間違っている日本語について見ていきましょう。
アンちゃん、この2つはどちらが正しいと思いますか。

A　我が社は**存亡の危機**だ

B　野球部は**存亡の機**にある

Aしか聞いたことがない。

正解はBです。しかし、これは誤用が多く、国会やテレビなどでもたびたび間違われます。**「存亡の機」は存続するかどうかの重大な局面を意味する言葉**です。「存亡」の「存」は残るかもしれないという意味なので、「極めて危ない時期」を意味する「危機」にはあたりません。一方、「機」は、「物事の要、重要なところ」という中立の意味合いになりますから、「存亡の機」が正しいのです。一方、**「危機」を使って表現するなら、存在し続けることを意味する「存続」が「危機」であるとする「存続の危機」が正解**です。

おお、存亡の危機ではなくて、存続の危機、であればいいということか。存亡と存続の2つの言葉が混同されてしまったんだね。

では次の質問です。次の2つはどちらが正しいと思いますか？

A　梅雨の時期は洗濯物が乾き**づらい**

B　借金を頼み**にくい**

え！　どっちも合ってるんじゃないの!?

これ、両方とも不正解なんです。なぜAが間違っているのかというと**「づらい」は漢字で「辛い」。何かをするときに体力や精神に負担を感じるときに使う**からです。この場合は「梅雨の時期は洗濯物が乾きにくい」のほうが正解です。一方「にくい」は形容詞の「にくい（難い）」から生じた用法で、「その動作に抵抗を感じる様子」を表します。

ああ、だから、借金は頼み「づらい」！

その通り。では、アンちゃん「にくい」はどういうときに使うものだと思いますか？

精神的に負担を感じるわけじゃないから、「づらい（辛い）」じゃなくて「このペンは書きにくい」！

すばらしい。ただ、若い人ほど「づらい」で表現していると思います。
ではアンちゃん、次の2つはどちらが正しいと思いますか。

A　彼は、仕事を**おざなり**にしている
B　客への対応が**なおざり**だ

これは「おざなり」しか聞いたことがないよ。「なおざり」もあるの？

はい。2つとも言葉としては正しいのです。ただし、意味が違います。
ともに「いい加減な対応である」ということは同じですが、「**おざな**

り」は「それをやってはいるけれどもいい加減」、「なおざり」は「そもそもやっていない」という意味です。「おざなり」の語源は「御座の形《なり》」。宴会の席などで、形だけ取り繕った言動を指したものとされています。一方、「なおざり」の語源は、「なほ（直・猶）＋さり（去）」。「なほ」は「そのまま」、「去り」は「遠ざける」。それで「何もせずに放っておく」という意味です。

正しい日本語を使うには、本来の意味を知る、探究する姿勢が大切だってわかったよ。アンちゃんは日本語をおざなりにはしないよ！

「やぶさかではない」を正しく使えますか？

もう少しクイズを続けましょう。

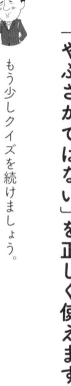

大賛成！　合宿してでもやりたい!!　寝なくてもいい、ずっと日本語のこと考えていたい！

アンちゃんの熱い思い、たしかに受け取りました。ではさっそく始めましょう。第1問。「煮詰まる」は、どういう意味でしょうか？

あ、それは知ってる！　しっかり話し合って、答えが出ること？

正解です。さすがアンちゃんですね。

「煮詰まる」は、**議論や意見が十分に出尽くして、結論が出る状態になることです**

しかし、結論が出ずに行き詰まってしまうこととして使われることが多くなってきています。または、両方の意味だと思っている人もいます。

では第2問。「やぶさかではない」は、喜んでやることか、嫌々やることか、どちらだと思いますか？

まあ、言われたらやるけど、別にやりたいわけでもない。仕方なくやる。

そう思っている人が多いのですが、実は真逆なんです。

「やぶさかではない」は、「喜んでする」という意味です

漢字で「吝かではない」と書きます。**「吝か」は、物惜しみするさま、躊躇《ちゅうちょ》するさま、未練があるさまを意味します。**その否定形なので「喜んでする」という意味になります。

では第3問。「天地無用」とは、よく荷物に書かれている言葉ですが、どういう意味かわかりますか？

うーん、上下を逆にしてもいい？　いや、いけない……？　どっちだ？

はい。上下を逆にしてはいけない、が正解です。

「天地無用」は、上下を逆さにしてはいけないという意味

最近では、逆の意味にとらえる人が増えていますが、**「無用」は「してはならないこと」という意味です。**「落書き無用」「立ち入り無用」も、禁止を指します。

では第４問。「破天荒」はどういう意味でしょうか？

めちゃくちゃな人！

と思いますよね。実は違うのです。

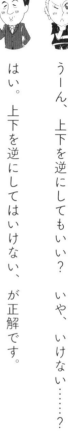

「破天荒」は、誰にもできなかったことを成し遂げることです

「破」は「相手を打ち負かす」「最後までやり抜く」を意味します。「天」は「大空」や「自然界」「高い所」を意味します。「荒」は「あらっぽい」「あらあらしい」を意味します。**誰もやったことがないことに立ち向かって、最後までやり抜くという意味**なのですが、近年は、荒々しくて豪快、大胆なことをする人という意味だと思っている人が増えました。本来の意味ですと、アンちゃんは外国人として和製英語を研究する「破天荒な人」ということになります。

うれしい！　アンちゃんは破天荒な人でいたい！

もう十分に破天荒ですよ！

では第5問。「檄《げき》を飛ばす」は、どういう意味でしょう？

え、ゲキって何？

檄は、自分の意見を述べて、決起を促す文書のことなのです。ですから、

「檄を飛ばす」は、自分の主張を広く人々に知らせて同意を求めたり、それによって人々に決起を促したりすることです

ところが最近は、元気がない人を勇気づけるという意味で使われていることが多いようです。あくまでも推測ですが、「檄」が「激」と誤解されて、激励するという意味で使われるようになったと考えられます。

「檄」とは、告諭、召集、論説、詰責などに用いた公文書のことを指します。それらを公に知らしめて同意を求める、ということからも、誤用であることがわかりますね。

では、第6問。「なし崩し」とはどういう意味でしょう？

うーん、全然わからないな。

最近はあまり使わないから聞いたことがないかもしれませんね。

「なし崩し」は、本来は「借金を少しずつ返済する」こと。借金が少しずつ減っていくことを指した言葉です

「なし崩し」は、少しずつ、じわじわと進んでいくことですが、「流れのまま物事が進んでしまうこと」という意味で、誤用されることが多いようです。また、「うやむやにする」「曖昧にする」「どんどん悪い方向に進んでいく」という、悪い状況を指す言葉だと思っている人が少なくありませんが、これも間違いです。「なし崩し」は、曖昧な状況が少しずつ改善され、落ち着くべきところに落ち着く、という状況のときに使用されるのが本来の使い方です。

では第7問です。「役不足」と言うとどちらの意味でしょう？「本人の力量に対して役目が重すぎること」か、それとも「本人の力量に対して役目が軽すぎること」。

ええっと、「私には役不足です」と言うのはほとんどの場合、「私にはその力が足りません」と使っている。

そうです。でも、不正解なのです。本来**「私には役不足です」と言うときは、与えられた役目に満足しておらず、「自分にはもっとできるのに」という意味**になってしまいます。

そんな脇役、僕には役不足だ
そんな脇役、僕には朝飯前だ

この2つは類語です。もしも、自分の力量が足りない、荷が重い、と言

うことを伝えたいのであれば、

その役職は、私には荷が重すぎます

と言うのがよいでしょう。

では第8問。「汚名挽回《ばんかい》」は正しいか、正しくないか。

これは不正解。「汚名」を「挽回」したらダメ。

そう、正解です。「返上」は「一度被ったことを返すこと」、「挽回」は「一度失ったものを取り戻すこと」ですから、正しくは、「汚名返上」または「名誉挽回」です。

「汚名返上」は、新たな成果を挙げることによって、以前の失敗で受けた悪い評価を払拭すること

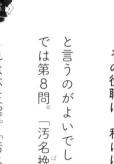

「名誉挽回」は、傷つけられた名誉や失った信頼を再び取り戻すこと

ただし、『三省堂国語辞典』の第七版によると、「汚名挽回」も間違いではないとされています。「挽回」には元に戻すという意味があるため「汚名挽回」も誤用ではないという見解です。古くは普通に使われていたものが、誤用説が高まったことで、今では誤用とされているという解説もあります。言葉は生き物ですから、時代ごとに正解も変わっていくのですね。

言葉って、既成事実で変わっていくものなんだなあ。

アンちゃん、この本の中で学んだ「既成事実」がちゃんと使えていますね。

「上には上が」いるの？　あるの？

毎日日本語を学んでいると、ちょっとだけ違う言い回しをする慣用句に出合う。合っているのかよくわからないから教えて！

たとえば、どういう慣用句ですか？

では、アンちゃんがわからなかった日本語を、宮本さんにクイズで答えてもらっちゃおう。「取り付く暇がない」「取り付く島がない」。取り付くのは、暇なのか、島なのか。

取り付くのは島ですね。

「取り付く島がない」は、途方にくれるという意味

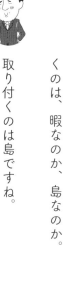

もともと、船で海へ出たが立ち寄る島がなくて困ってしまうこと。転じて「途方に暮れる」を意味します。

では次。「眉をしかめる」と「顔をしかめる」。しかめるのは眉か、顔か。

しかめるのは顔です。

「顔をしかめる」は、額にしわを寄せて、不満や不機嫌を表すこと

眉だと「眉をひそめる」を使います。心配事や不愉快さによって、眉のあたりにしわを寄せて顔をしかめることを言います。

ひそめるのは眉、しかめるのは顔です。

次の問題。「明るみになる」と「明るみに出る」。出るか、なるか、どっち？

「出る」が正解です。

「明るみに出る」は、隠されていたことやものが、明るい場所に出て明らかになること

「明るみになる」は、そのものが明るくなるという意味なので間違いです。

次の問題。「過半数を超える」と「半数を超える」。超えるのは過半数か、半数か。

「半数」が正解です。これは、アナウンサーでもよく間違えていますね。

「半数を超える」は、全体の半数を超えているという意味

「過半数」には、すでに「半数を超える」という意味があるので、重複してしまいます。

次の問題「愛想を振りまく」「愛嬌《あいきょう》を振りまく」。振りまくのは愛想か愛嬌か。

振りまくのは愛嬌。

「愛嬌を振りまく」は、愛らしさ、可愛らしさを周囲に見せること

「愛嬌」はその人が持っている性質の優しさ、愛らしさを指しています。それを周囲に振りまく、という意味。一方、「愛想」は、その人の対応や好感の持てる表情、態度のこと。「愛想がいい」と言うと、対応がよいことを指します。

次の問題。「采配をふるう」と「采配をふる」。ふるう、ふる、どっち？

「采配」は振るものです。

「采配をふる」は、「指揮をする」「指示する」という意味

「采配」は軍隊での大将が用いた指揮するために使う扇状の持ち物のこと。それを振って、軍勢に指示したことから生まれた慣用句です。

次の問題。「上には上がいる」「上には上がある」。あるか、いるか、どっち？

これは「ある」が正解です。

「上には上がある」は、さらに優れたものが必ずあるという意味

己をいましめるときに使う言葉ですが、人ではなく物に使われます。ですから、人に対しては使いませんし「いる」は間違いなのです。

わあ、アンちゃんの疑問が、一気に解決してしまった。

見事な質問でした。アンちゃんの日本語は、外国人の中で日本一かもしれませんよ。

上には上がある！（笑）。アンちゃん頑張る！

「まず最初に」とつい言っていませんか？

日本語には、「頭痛が痛い」みたいな、二重表現がいっぱいあるね。

単語自体に「痛い」が含まれているので、つい使ってしまう人も少なくありません。一度使うことに慣れてしまうと、間違っていてもつい使ってしまうので、意識して直していく必要があります。アンちゃん、ふだんよく聞く二重表現は何ですか？

ええっと「日本に来日する」とか「船に乗船する」とか。

「馬から落馬する」もそうですね。これらは、「来日する」「落馬する」と、単独で動詞になるパターンです。正しくは「来日する」「乗船する」「落馬する」となります。それ以外にもたくさんありますよ。

×**「すべてを一任する」**

○**「一任する」**

×**「後で後悔する」**

〇「後悔する」

×「色が変色する」

〇「変色する」

×「わきで傍観する」

〇「傍観する」

×「あらかじめ予約する」

〇「予約する」

などです。

この他にも、単語の持つ意味を把握していないケースもありますね。

「壮観な眺め」は間違い。

「壮観」自体に「規模が大きくて美しい眺め」という意味が入っていま
す。

正しくは「山頂からの壮観」「壮観な光景」と使います。

「カトリックの神父」は間違い。

「神父」はカトリックの司祭のことを指すため二重表現になります。

正しくは「神父」、プロテスタントの場合は「牧師」です。

また、厳密に言うと二重表現ではないのですが、できれば使いたくない表現もあります。

「違和感を感じる」

「罪悪感を感じる」

「優越感を感じる」

これらは、よく誤用であると言われますが、実はそうとも言えません。違和感は「違和」に「感」をつけ加えることによって感覚を示す言葉になっています。「違和感」は感覚を示す言葉ですから「違和感を感じる」は一概に誤用とは言えないのです。ただ、やはり重複しているように感じるので、「違和感がある」「違和感を覚える」と言うほうが美しい言い方のように思います。

「違和感」を感じるはダメって聞いたから新鮮。

厳密に言うと間違いではないのですが、美しいかどうか、違和感がないかどうか、で言うと直したほうがいい表現ですね。僕は使いません。他には、同じ意味のある言葉を重ねて使ってしまうケースもあります。

× 「いちばんベスト」

○ 「いちばん」か「ベスト」のどちらかを使う

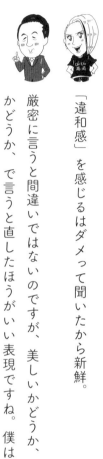

×「今の現状」

○「今」か「現状」のどちらか

×「まず最初に」

○「まず」か「最初に」のどちらか

アンちゃんは、この本を「いちばん最高の超ベストな日本語の本ったい！」って言いたいけど我慢するね！

これが「太郎」と「花子」が乗った山手線！

多くの外国人を困らせているのは、教科書の日本語と、実際に使われている日本語が違っているということだ。これは、日本で英語を学んだ学生が、留学して、現地で使われている英語と違っていて面食らうのと似ている。

まず、教科書は標準語で、敬語だ。

たとえば、

太郎と花子は東京の山手線に乗って、池袋へ買い物に行くところです。

太郎：花子さんおはようございます。今日は何をしますか。

花子：おはよう、太郎さん。そうですね。今日は池袋に行きます。

太郎：そうですか。いい天気ですね。

といった感じ。こういう会話を一生懸命勉強していたから、初めて山手線に乗ったときは「ああ！　これが太郎と花子が乗っていた電車か！」と、感動した。

でも、すぐに困ったことに直面した。日本ではほとんどの人が日常の中で敬語で話さないということだ。同僚が、

「ねえ、アンさん、今日はどこ行くの？」

と聞いてきたとき、意味がわからなかった。太郎さんのように「アンさん、今日はどこに行きますか？」と聞いてくれればわかったのに。

なぜ、日本語を学ぶとき、日常使われている「だ・である言葉」を先に学ばないのか。理由は簡単。外国人にとって日本語の文法は「です、ます」を学ばなければ理解できないからだ。

たとえば「言いそびれた」という言葉。この単語を作るとき、「言います」から「ます」を取って「そびれた」をつける。そう習う。

これが「言う」だったなら、「言いそびれた」という言葉は生まれな

いのだ。同じように「行きそびれた」と言いたければ「行きます」の「ます」を取って「そびれた」をつける。

また、日本の形容詞は、「い形容詞」と「な形容詞」の2つに分かれている。

おいしい、美しい、赤い、などが「い形容詞」。

きれいな、元気な、嫌いな、などは「な形容詞」。

「い形容詞」は「否定」にすると、「くない」がつき、「な形容詞」は「否定」にすると、「じゃない」がつく。

おいしくない、美しくない。

きれいじゃない、元気じゃない。

こういう日本語の仕組み、成り立ちは、きっと、日本語ネイティブの人たちには当たり前すぎて、考えたこともないはず。

だけど、ネイティブではない人間には一大事だ。

どうすれば、豊かで繊細で省略されまくるこの日本語を攻略すればよいのか、アンちゃんはここ数年考え続け、悩んでいた。

そんなとき現れたのが宮本さんだった。まさにオタスケマン登場だ。

宮本さんは、惚れ惚れするような声と美しい発音で、初対面のアンちゃんにこう言った。

「It's a great honor to meet you.」

その日から、宮本さんは、アンちゃんの日本語の疑問にメールで答えてくれるようになった。宮本さんは千里眼があるのか、アンちゃんがまだ理解していない漢字には読み方を振ってくれた。テレビの番組で一緒になれば、宮本さんを日本語の質問攻めにした。

でもどうして、こんな有名な人が、アンちゃんの日本語レッスンにつきあってくれるのかな、そう不思議に思っていたら「アンちゃんの素朴な疑問のおかげで、私たちは日本語を振り返ることができる」と言ってくれた。

アンちゃんの疑問が役に立つ？　それって本当？　うれしすぎる！

宮本さんのおかげで、アンちゃんの日本語は急速に上達したと思う。

だって、日本語の門番に日本語を教えてもらっているのだ。

教科書で習う日本語も、日本人がふだん使う日本語も、若者言葉も、和製英語も、もっともっと知りたい。そして、使いこなしたい。

その土台となるのはやはり、宮本さんが使いこなす美しい日本語だと思う。

アンちゃん、がんばるぞ！

第2章

豊かな想像力から生まれた「多彩すぎる日本語」

教えて！ 宮本さん

「1人で爆笑」って間違ってる!?

1人ではできないのが「爆笑」

日本人の笑い方が教科書で習ったのと違う気がする。アンちゃんは辞書で調べたのにどうして？

いつの間にか、違う使われ方をして市民権を得ている言葉もたくさんありますからね。笑い方というと、間違いやすいのは「爆笑《ばくしょう》」や「失笑《しっしょう》」ですね。

「爆笑」は、大勢が大声でどっと笑うことを意味しますから、本来は「1人で爆笑」というのはありえません。ですから、1人の場合は「大笑いする」というのが正しいでしょう。使い方としては「彼の芸を見て、観客全員が爆笑していた」というように使います。

しかしながら、2018年に改訂された『広辞苑』の第7版では、「はじけるように大声で笑うこと」と修正されました。そう、第6版では「大勢」という人数の指定があったのですが、なくなっているのです。

「爆笑」が、1人でも市民権を得た！

言葉は人が使うものですから、古語を私たちが普段使いしていないように、変化していく傾向があります。ただ、本来の意味を知った上で使用できるようになりたいものですね。

苦笑い、失笑するってどういうこと？

「失笑」って、軽蔑するような意味合いがあったっけ？

これも誤用が多い言葉ですね。多くの人が、笑いを失うほどに呆《あき》れる、

という様子を思い浮かべると思います。これは「失う」という字からイメージしているものだと思いますが、この場合の「失」は、「うっかりする」という意味で使われます。「うっかり言ってしまう」という意味の「失言」と同じ使い方ですから、

「失笑」は本来笑ってはいけない場面で我慢できずに笑いが込み上げてしまうことを意味します。

「失笑」には、冷ややかな目で見るとか、軽蔑するという意味は本当はなかったんだね！

そうです。しかしながら、文化庁が毎年行っている「国語に関する世論調査」では2011年に失笑を本来の意味で使っている人が27・7％、60・4％は「笑いも出ないくらいあきれる」というような逆の意味で使っているという結果が出ました。

わあ、「失笑」も、真逆の意味で市民権を得てしまった！

「失笑」にまつわる慣用句がいくつか存在していて、それぞれ意味合いが変わってきます。

「失笑を禁じ得ない」は、吹き出してしまうことを抑えることができないという意味になります。

「失笑が広がる」は、思わず漏れた笑いが大きく広がってしまうことを指します。

「失笑が漏れる」は、思わず笑ってしまうことです。

これらは、もともとの「失笑」の意味で、否定的な要素はないのですが、「失笑を買う」と言うと、多くの人が勘違いしているのと同じく「愚かな言動のために笑われる」という軽蔑の意味合いがあります。

「苦笑《くしょう》」はどうなんだろう？

「苦笑」は、仕方なく笑うこと、返答に戸惑ったり、不快さや動揺を紛らわしたりするために笑うことを言います。「苦笑《にがわら》い」とも言いますね。

笑いに関して、否定的な意味を持つとしたら、あとは「冷笑《れいしょう》」や「嘲笑《ちょうしょう》」があります。

「冷笑」は、見下して笑うことで、「蔑み笑う」という意味があり、相手を見下す感情が含まれます。

「嘲笑」は、からかうようにして笑うことで、相手を見下す意味合いがありますが、「冷笑」よりも度合いは低いです。

なるほど、すごい！　宮本さんと日本語の勉強をしていると、アンちゃんは楽しくて笑いが止まらなくなる！

アンちゃん、うまい！

教えて！ 宮本さん

どうしてこんなに「腰」を使う表現が多いの？

日本人は、体を使った慣用句がお好き？

日本には、腰を使った言葉がたくさんあるよね。なんでそんなに腰が好きなの？

腰というのは、体の中で、ほぼ中心に位置するとても大切な場所です。漢字を見るとよくわかります。体のことを表す「月」に「要」と書きます。腰痛やぎっくり腰、ちょっと痛めると体の自由がきかなくなる大切な場所ですから、慣用句としてもたくさん使われているのです。腰を使う慣用句をいくつか挙げてみましょう。

「腰が強い」は、意志が強く、たやすく人に従わないこと。しなやかで折れないことです。「あの人は腰の強い人だ」というように使います。

「腰が軽い」は、何でもすぐに動けて、軽やかな人のこと。

「アンちゃんは腰が軽くていつもテキパキと動く」というように使います。

「腰が砕ける」は、最初の意気込みが続かなくなり物事が途中でダメになる、途中で挫折することです。

「目標を高く設定しすぎて腰が砕けた」というように使います。

「話の腰を折る」は、人の話を途中で遮ること。

「あの人はいつも話の腰を折る」というように使います。

これらは、腰を重要なこと、芯のあること、として扱った例です。

英語だと、「Don't interrupt.」で、「話を遮らないで」って直接的に言うよ。日本語ってとても不思議。

よい機会なので、体を使う慣用句を考えてみましょうか。まずは頭や顔。

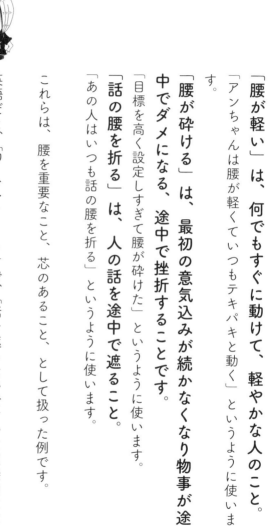

よく使うものの意味や使い方をおさらいしてみましょう。たくさんありますよ。
アンちゃん、「頭」を使った慣用句、思いつきますか？

頭を使った慣用句……あ！　「頭を使う」。これカンニングみたいね。

そうきましたか（笑）。

頭突きとかするんじゃなくって、考えろっていう意味って、教えてもらった。あと、「頭が痛い」は、本当に頭が痛いんじゃなくて、苦しんだり悩んだりすること。

さすが頭が切れるアンちゃんです。

頭が切れる!?　ダメ！　切れちゃダメ！

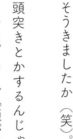

「頭が切れる」は、頭の回転が早くて、有能なことですよ（笑）。

他にも、たくさんありますよ。

「頭打ち」は、物事が限界に達している状態のこと。もともとは、株の相場が伸び悩んできた状態のことを指します。

「この案件はもう頭打ちだ」というように使います。

「頭が上がらない」は、相手の権力に圧倒されたり、負い目があったりして、対等に振る舞えないことです。

「あの人にはどうしても頭が上がらない」というように使います。

「頭が固い」は、頑固で、自分の考えにこだわり柔軟な考え方ができないという意味です。

「祖父は頭が固くて、誰の話にも耳を貸さない」というように使います。

では、頭はこのくらいにしておいて、頭の近くにある……髪。髪に行ってみましょうか。

髪……髪……髪がきれい。

それは、慣用句ではなくて、普通のほめ言葉ですね（笑）。髪を使った慣用句はたとえば、

「後ろ髪を引かれる」は、未練があるという意味。思いきれず、いつまでも心が残ること。

「再会できたのに、また離れるなんて後ろ髪を引かれる思いだ」というように使います。

「間髪をいれず」は、髪の毛1本の余地もないほどに、差し迫っている状況を指します。また、「かんぱつをいれず」と読むのは間違いで「かん、はつをいれず」と読みます。

「間髪をいれずに答えた」というように使います。

おー、アンちゃんも、間髪をいれずに慣用句が言えるようになりたい。

この本を1冊頑張って作ったら、きっと言えるようになっていますよ。
では、次は「顔」はどうでしょう？

うーん、うーん。

アンちゃんは、わからないときすぐに顔に出ますね。

顔に出る！　あ、顔に書いてある、って言うね！

そうですね。他には、
「顔色を窺《うかが》う」は、表情で心の動きを探ること。
このときの「うかがう」は、尋ねる、訪問するという意味の「伺う」ではなく、そっと様子を見る、ひそかに取り調べるという意味の「窺う」を使うのが正解です。
「何食わぬ顔」は、知っているのに、まったく知らないよう

な顔をしていること。自分には関係ないという顔つきや様子のこと。

「彼は遅刻してきたにもかかわらず、何食わぬ顔で席に着いた」というように使います。

さあ、アンちゃん、次は眉に行ってみましょう。

眉、耳、鼻、口、頬、体は慣用句だらけ!

さすがに眉はわからん。

最近、会話の中ではあまり使いませんが、**「眉に唾をつける」は、眉に唾をつければ狐《きつね》に化かされないという言い伝えから、騙《だま》されないように用心するという意味で使います。**「眉唾物」も同じ意味です。「眉に唾をつけるような話だ」とか「そんな話は眉唾物だ」というように使います。
それではアンちゃん、耳はどうですか？

耳！　耳は、「寝耳に水！」。

すばらしい！　「寝耳に水」は不意なことが起きて、驚くことのたとえですね。他にも、

「耳が痛い」は、他人の言葉が自分の弱点や過ちを言い当てているようで聞くのがつらいという意味。

「両親の話は耳が痛かった」というように使います。

「耳を貸す」は、人の話を聞こうとすること、相談に乗ることです。

否定の形で使うことが多く「彼は僕たちの話に耳を貸そうともしなかった」というように使います。

アンちゃん、次は鼻です。

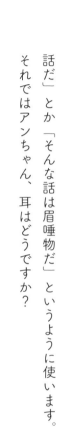

アンちゃんは宮本さんとお仕事できて「鼻が高い」。

それはうれしい言葉ですね。

「鼻が高い」は、得意げである、誇りに思うという意味です。

「息子の研究が評価されて鼻が高い」というように使います。

「鼻息が荒い」は、意気込みがあって強気であることを指します。

「全国大会進出が決まり、彼は鼻息を荒くした」というように使います。

鼻息が荒いって言われたら、普通に笑ってしまうな。

慣用句って、知らずに聞くと驚きますよね。はい、アンちゃんそれでは次は頬です。頬を使った慣用句、何か知っていますか？

あ！　ほっぺたが落ちるくらいにおいしい！

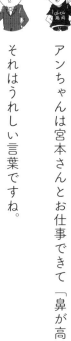

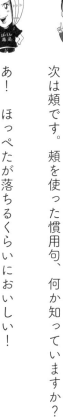

はい。**「頬が落ちる」は、料理を食べたときに、形容できないほどのおいしさを表す言葉。**「あまりのおいしさに頬が落ちる」というように使います。同じ意味で「ほっぺたが落ちる」「ほっぺが落ちる」とも言いますね。

「頬を染める」は、頬が染まったように赤くなる、赤面する、恥ずかしがって頬をほんのり赤らめる様子を指します。「彼の言葉を聞いて、彼女は頬を染めた」というように使います。

では、アンちゃん次は□です。

□？　□……全然わからないな。あ！　死人に□なし！

いったいどこで覚えたんですか（笑）。でも正解です。死んだ人は何も言えないのをいいことに、罪を着せたりすることや、死者からは証言を得ることができないことですね。他にもたくさんあります。

「口裏《くちうら》を合わせる」は、あらかじめ内密に相談をして、話の筋道が合うようにすることです。

「余計な詮索をされないようにするために、二人は口裏を合わせた」というように使います。

「開いた口が塞がらない」は、呆気《あっけ》にとられる様子のこと。

「また同じことをしたのか。開いた口が塞がらないよ」というように使います。口を使った慣用句はたくさんありますから、ぜひ調べてみてください。

はい！　口ほどにもないって言われないように頑張ります。

そ、それはまたどこで覚えたんでしょう（笑）。

時代劇かな。

なるほど（笑）。「口ほどにもない」は、能力があるかのように言っていても、実際には大したことがないという意味ですね。でも、アンちゃんは大丈夫です。

では、アンちゃん、舌はどうですか？

舌切り雀《すずめ》！

それは、日本の昔話ですね。舌を使った言葉もたくさんありますよ。

「舌が肥える」は、いろいろなものを食べた結果、味のよし悪しがわかるようになること。「あの人は舌が肥えている」というように使います。

「舌鼓《したつづみ》を打つ」は、あまりのおいしさに、舌を鳴らすこと。「食べた後、彼は舌鼓を打った」というように使います。「したづつみ」ではありません。

ちなみに、歯を使った慣用句、

「歯に衣《きぬ》着せぬ」は、思ったことを包み隠さず素直に言うこと。

「あの人の歯に衣着せぬ発言は、聞いていて気持ちがよい」というように使います。

「奥歯に物が挟まる」は、思ったことをはっきり言わず、何かを隠しているような言い方のこと。

「奥歯に物が挟まるような言い方をせず、はっきりと言ってほしい」というように使います。

顔や頭だけでもこんなにあるなんて。アンちゃんは開いた口が塞がらない。これだけでお腹いっぱいになるね。

アンちゃん、今も2つの慣用句を使いましたね。日本人よりも上手に使いこなしているのではないですか？

ビッグマウスにならないように頑張る。

まだまだ続く、体を使った慣用句

体を使った慣用句も、おさらいしておきましょう。アンちゃん、首を使った慣用句は思い当たりますか？

日本語では思い当たらない。「pain in the neck」って、英語でも慣用句はあるよ。意味は面倒臭い（笑）。アンちゃんなら大量の洗濯物かな。

英語できましたか。そう、英語にも慣用句がありますね。

でも日本語ほど多くはないね。

そうですね。首を使った日本の慣用句もたくさんありますが、たとえば**「首が飛ぶ」は、免職、解雇されること。首を切って殺され**

るという意味もあります。

「不正が発覚して、責任者の首が飛ぶ」というように使います。

「首を突っ込む」は、興味や関心を持って、その事柄に関わること。または、深入りすること。「彼はまた面倒なことに首を突っ込んでいるようだ」というように使います。

それでは、肩はどうでしょうか？

四十肩！　最近覚えた！

それは、疾患ですね（笑）。肩の痛みと運動制限をきたす疾患。本来は、五十肩と言います。40歳を過ぎた人の、明らかな原因のない肩の痛みと運動障害を指します。ただ、慣用句ではありませんね。

肩を使った慣用句としては、

「肩身が狭い」は、世間に対して面目がなく、恥ずかしいと思うこと。

「事件を起こし、「肩身が狭い思いをしている」というように使います。

「肩を持つ」は、ある人を支持したり庇《かば》ったりして味方になったりすること。

「この部署に君の肩を持つ人はいないだろう」というように使います。

アンちゃん、手を使った慣用句は思い浮かびますか?

うーん、思いつかない。アンちゃんお手上げだよ。

それ！　アンちゃん、それは手を使った慣用句ですよ。「お手上げ」は、どうしようもなくなって降参することです。他にも、手を使った慣用句はたくさんあります。

「手のひらを返す」は、人に接する態度や言葉を、突然変えること。

「一度の失敗で、彼は手のひらを返したかのような態度をとった」というように使います。

「手を抜く」は、物事の手順や作業を省いて、いい加減にすること。

「相手が素人だったので、つい手を抜いてしまった」というように使います。

ああ、学生に「手を抜くな」って言っている先生がいる。

そうですね。この本も手を抜かずに作っていきましょう。
さて、次は腕です。アンちゃん、腕を使った慣用句は思いつきますか？

腕を振るう！

正解！　料理など、自分の腕前や能力を存分に使って人に見せることですね。他には、

「腕が鳴る」は、自分の能力や腕前を見せたくてたまらない

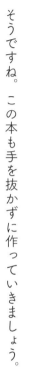

状態のこと。

「難しい注文を受けると腕が鳴る」というように使います。

「腕が上がる」は、腕前や技術が進歩すること。上手になること。

「彼の腕は格段に上がった」というように使います。

次は爪はどうでしょう?

爪!? ああ、アンちゃん、まだまだわからないことばかりだ!

アンちゃん、落ち込まなくて大丈夫。慣用句、これから覚えていきましょう。爪を使った慣用句は、

「爪を研ぐ」は、用意を怠らず、機会を狙うこと。野心を抱いて待ち構えること。

「この日のために爪を研いできた」というように使います。

「爪に火を灯す」は、ロウソクすら買わないほど非常にケチ

なこと、極端に倹約すること。

「爪に火を灯すような生活をしている」というように使います。

では、胸を使った慣用句を見ていきましょう。

「胸が痛む」は、申し訳なく思うこと。良心が痛むこと。

「あの日のことを思い出すと胸が痛む」というように使います。

さらに、心臓を使った慣用句。

「彼は心臓が強いことでは社内でも有名だ」というように使います。

「心臓が強い」は、図々しい、厚かましいという意味。

「彼女は怒り心頭に発したように見える」というように使います。

「怒り心頭に発する」は、心から怒りがこみ上げてくるという意味。

このあたりの慣用句は日本人でも、若い人はほとんど使わないと思います。

それから、日本の慣用句としておもしろいのは、肝をよい意味で使うことでしょうか。中国や韓国にも、肝を使って表現する言葉があります。

「肝に銘じる」は、心に刻み込む、忘れないようにするという意味。

「この失敗を肝に銘じて今後に生かす」というように使います。

「肝が据わる」は、度胸があって、少しも動揺しないこと。

「あの人は肝が据わっている」というように使います。

また、腹を使った慣用句もあります。

「腹を決める」は、決心する、覚悟するという意味。

「彼は腹を決めて辞表を出した」というように使います。

「腹が黒い」は、心の中でよくないことを考えたり、悪いことを企んだりしていること。

「彼は優しそうに見えて腹が黒い」というように使います。

さてアンちゃん、次、背中を使った慣用句を学んでみましょう。

背中、背中。俺の背中を見ろ！　って言うよね。

言いますね（笑）。それは、慣用句ではなく「親の背を見て子は育つ」ということわざからきていると思います。子どもは親のやっていることを見て、それを当たり前のこととして認識して、自分もそれを真似るという意味です。「子は親を映す鏡」という言い方をすることもありますね。

さて、背中を使った慣用句に戻ると、

「背筋が寒くなる」は、恐ろしさや気味悪さでゾッとすること。

「運転中に、車道に人が飛び出してきて背筋が寒くなった」というように使います。

「背を向ける」は、物事に対して無関心な態度をとる、後ろ向きな態度を示すこと。

「流行に背を向ける」というように使います。

そして、最後、足を使った慣用句。アンちゃんは思い浮かびますか？

足は浮かばないなあ。

足を使った慣用句もいろいろありますよ。

「足を向けて寝られない」は、お世話になった人のほうへ足を向けて寝るような失礼なことはできない、という意味。

恩人に対する感謝の言葉です。

「足が地に着かない」は、考え方や行動が浮《うわ》ついていて、落ち着いていないこと。

「明日のことを考えると足が地に着かない」というように使います。

「足が遠のく」は、今までよく行っていた場所に行かなくなること。

「両親が死んでからは、実家への足が遠のいている」というように使います。

アンちゃんは宮本さんに足を向けて寝られない。でも、宮本さんがどっ

ち方向に寝ているのかは、わからない。

その気持ちだけ受け取っておきます（笑）。

日本で、英語の字幕の映画を観ると、直接的な英語の言い方に日本語の慣用句が上手に当てられていて、感動することがあるよ。

日本語の美しい言い回しを、大事にしていきたいですね。

教えて！　宮本さん

10個は「じゅっこ」と読まないの？

日本語って、いったいどれだけ数え方があるの？

日本に来て驚いたのは、数え方！　いったいどんだけあるの？　1、2、3と数える他に、1つ、2つ、3つというような数え方もある。

本当ですね。日本人は使い慣れてしまっているから、その数の多さに自覚すらないでしょう。基本的な物の数え方、アンちゃんはどんな習い方をしましたか？

物は「1個、2個」、平たいものは「1枚、2枚」、細くて長いものは「1本、2本」、人は「1人、2人」。時間は「1分、2分」。

すばらしい。

でも、本は、ぽんだったり、ほんだったり、分は、ぷんだったりふんだったり、覚えるのが大変だったよ。さらに、はちほんは、はっぽんになる。いちふんはいっぷん。最初は、は？　なんで？　って思ったよ。さらに、**お皿を数えるときは1皿《ひとさら》、2皿《ふたさら》なのに、料理が上にのって1品《ひとしな》、2品《ふたしな》とも言う。**これって、難しすぎる！

混乱しますよね。同じように料理がのっていても、ざるそばの場合は1枚、2枚です。外国人の場合は、助数詞を正しく使うことができなくても、日本人には伝わりますから、正しい数え方を生活しながら学ぶというのは難しいでしょう。

そうなの！　アンちゃんは正しい日本語を日本人と同じように使いたいから、間違えていたら教えてほしいのに、みんな指摘してくれない。教えてほしいのに！

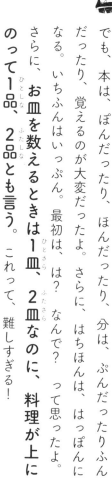

ある程度の基本の数え方は、覚えてしまうしかありません。日本語の助数詞にはまだその先がたくさんありますから。でも、日本人にとっては、外国人がどのように数え方を学ぶかを知ることは、もののとらえ方の視点に気づかせてくれるいい機会になります。

まず、基本的な数の数え方は、

「人」は「人《にん》」で数えます。1人、2人。

「小さな固形物」は「個《こ》」で数えます。1個、2個。

「細くて長いもの」、つまり鉛筆や棒などは「本《ほん》」で数えます。

1本、2本。

「平たいもの」は「枚《まい》」で数えます。1枚、2枚。

「本」は「冊《さつ》」で数えます。1冊、2冊。

「昆虫」は「匹《ひき》」で数えます。1匹、2匹。

「鳥」は「羽《わ》」で数えます。1羽、2羽。

「時間」は「分《ふん》」で数えます。1分、2分。

このへんは、日本人では小学生の頃までにしっかりと習っていて、使いこなせている域です。

でも、**当たり前のように使っているから、「枚」は「平たいもの」、「本」は「細くて長いもの」というような、使い方のルールに、あまり気づいていない**のではないでしょうか。さまざまなものの数え方については、表にして見てみましょう。

日本語の教科書によくある表だね！　日本語を勉強するときに使ったよ。

数え方あれこれ

時間	家	靴	箸	鳥	動物	本	紙	ペン	小さな固形物	人	
いっぷん	いっけん	いっそく	いちぜん	いちわ	いっぴき	いっさつ	いちまい	いっぽん	いっこ	ひとり	1
にふん	にけん	にそく	にぜん	にわ	にひき	にさつ	にまい	にほん	にこ	ふたり	2
さんぷん	さんげん	さんぞく	さんぜん	さんば（さんわ）	さんびき	さんさつ	さんまい	さんぼん	さんこ	さんにん	3
よんぷん	よんけん	よんそく	よんぜん	よんわ	よんひき	よんさつ	よんまい（よまい）	よんほん	よんこ	よにん	4
ごふん	ごけん	ごそく	ごぜん	ごわ	ごひき	ごさつ	ごまい	ごほん	ごこ	ごにん	5
ろっぷん	ろっけん	ろくそく	ろくぜん	ろくわ（ろっぱ）	ろっぴき（ろくひき）	ろくさつ	ろくまい	ろっぽん（ろくほん）	ろっこ	ろくにん	6
ななふん	ななけん	ななそく	ななぜん	ななわ（しちわ）	ななひき	ななさつ	ななまい（しちまい）	ななほん	ななこ	しちにん（ななにん）	7
はちふん（はっぷん）	はちけん（はっけん）	はっそく	はちぜん	はちわ（はっぱ）	はっぴき（はちひき）	はっさつ	はちまい	はちほん（はっぽん）	はちこ（はっこ）	はちにん	8
きゅうふん	きゅうけん	きゅうそく	きゅうぜん	きゅうわ	きゅうひき	きゅうさつ	きゅうまい	きゅうほん	きゅうこ	くにん（きゅうにん）	9
じっぷん（じゅっぷん）	じっけん（じゅっけん）	じっそく（じゅっそく）	じゅうぜん	じっぱ（じゅうわ）（じゅっぱ）	じっぴき（じゅっぴき）	じっさつ（じゅっさつ）	じゅうまい	じっぽん（じゅっぽん）	じっこ（じゅっこ）	じゅうにん	10

実は、この中に、日本人の多く、特に若い人が間違えて覚えている数え方があります。10の読み方です。**本来は、10個は「じっこ」、10冊は「じっさつ」が正しいのですが、「じゅっこ」「じゅっさつ」を使っている人が多い。**小学校の書き取りテストでは「じっこ」と書かないと本当は不正解なのですが、口語的に認知されています。2010年からは常用漢字表の備考欄に「じゅっ」という読み方も追記されるようになったので、「じゅっ」が市民権を得たとも言えますが、きちんと読めると、年齢を重ねた方からは「きちんと話せている」と思っていただけると思います。

「10個（じっこ）」「10本（じっぽん）」「10冊（じっさつ）」
「10匹（じっぴき）」「10分（じっぷん）」「10歳（じっさい）」
「10回（じっかい）」「10玉（じったま）」「10粒（じっつぶ）」
「10杯（じっぱい）」「10頭（じっとう）」「10組（じっくみ）」。

アンちゃん、たくさん言えた！

はい。10点満点！　合格です！

宮本さんに「合格」って言われると、のど自慢みたい！　アンちゃんはうれしい！　どこから来たか言わんでいい？（笑）。

さらに複雑な数え方を、どう使いこなす？

では、アンちゃん、日本人でも間違えがちな数え方を学んでみましょう。「鏡」はどう数えますか？

鏡？　平たいから1枚、2枚？

それも間違いではありませんが、**正しくは、鏡は「面《めん》」で数えます。**「1面《いちめん》、2面《にめん》」。アンちゃん、他に「面」で数えるものは思いつき

ますか。

面、というと、お面とか？

そうです！　能面、仮面などは「面」で数えます。他には、硯《すずり》や碁盤、将棋盤、田、テニスコートなどです。次に、薬はどう数えますか？

ええっと、1個、2個？

錠剤は「錠《じょう》」で数えますね。その他、粉薬の場合は「包《ほう》」、「服《ふく》」です。

「一服する」って、「休憩する」というときに使うと聞いたことがあるけど、それと同じ意味？

その通り。**「服」は、薬の包みやお茶を飲む回数を数える言葉**なのです。そこから、1杯だけお茶を飲む、1本だけタバコを吸う、という意味で「一服する」「一服どうぞ」という使い方をするようになりました。では次にアンちゃん、神社の鳥居、歩道橋、信号機、ダム、タワー、ピラミッドなどを数える助数詞は何だかわかりますか？

歩道橋とピラミッドの数え方が同じ！　それは知らんかった！

「基《き》」です。これらは、大きさも使い方もすべて異なっていますが、共通していることがあるのです。

「基本」の基に関係ある？

さすがアンちゃん、鋭いですね。**「基」という字はアンちゃんが言うように、基本の基、建物の土台や物事の礎《いしずえ》、基盤とい**

う意味があります。簡単には動かせないものを意味しています。そこから、施設や建物などを「1基《いっき》、2基《にき》」と数えるようになりました。

ほ――――！　数え方は本当にたくさんあるね。アンちゃんはまだまだ勉強が必要だ。

日常で使われる数え方を挙げてみましょう。

「家」　軒（けん）
「家屋」　戸（こ）、棟（むね）
「椅子」　脚（きゃく）
「ウサギ」　羽（わ）
「絵馬」　体（たい）
「キャベツ」　玉（たま）

「靴・靴下」足（そく）
「豆腐・こんにゃく」丁（ちょう）
「雫《しずく》」滴（てき）
「川柳・俳句」句（く）
「短歌」首（しゅ）
「手紙」通（つう）
「荷物」梱（こり）
「花びら」片（ひら）
「布団」組（くみ）

ウサギを羽と数えるのは有名よね。

いくつか由来があります。1つは仏教で四足の獣類の肉を食べることが禁止された時代に、ウサギを鳥として見立てて食料とした、という説。もう1つは、もともとは狩猟で捕まえたウサギの耳を束ねて「1把《いちわ》、2《に》

把《わ》」と数えていたことから「羽」に変化したとも言われています。さらに、鳥と同じように網を使って捕まえていたことから「羽」で数えるようになったとも言われています。

呼び方と逸話を調べてみるとおもしろい。そうそう、アンちゃんは花びらを「一片《ひとひら》」と言う美しい文化が好きでたまらん！

正しい数え方を覚えて使いこなせると、年上の方から「お！　ちゃんと日本語が話せているな」と一目置かれるようになるかもしれません。語源と合わせて興味を持って覚えたいですね。

「一目《いちもく》置かれる」の、「一目」は何の数え方？

「一目」は、囲碁で1個の碁石や碁盤の上の1つの目のことを指しています。囲碁では弱いほうが先に石を置いて勝負をするため**「一目置か**

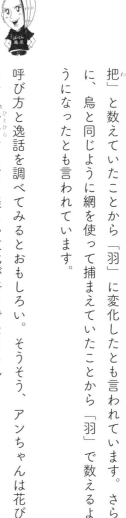

れる」とは、能力が優れた人に対して敬意が払われている
ことを表現する慣用句です。

アンちゃん、囲碁はできんけど、日本語を使う外国人として「一目置かれたい」！

僕はアンちゃんに一目置いていますよ。

宮本さんにそんなこと言われたらアンちゃん号泣！

「ジーンズ日本語」「正装日本語」

日本語は豊かで繊細な言語だと思う。古くから使われている言葉だけど、どんどん進化もしていくし、たくさん言葉を輸入してもいる。

アンちゃんは、ふだん、大学で英語を教えているけれど、日本語でできないことを英語でやるのは難しい。だから、プレゼンテーションなどの授業をするときは、まず、日本語でいろいろな課題ができるようになってから、英語でやってもらうようにしている。

日本語が好きでたまらないアンちゃんは、日本語の研究にも力を入れている。私の研究分野は、「和製英語」だ。和製英語は英語に聞こえるけど、日本人が勝手に作った日本語の単語だ。だから、多くの単語は英語のネイティブスピーカーがわからない可能性が高い。ある和製英語は英語で存在するけど、意味が違う。英語ネイティブが何となくわかる和製英語は「ベビーカー」「モーニングコール」など。英語で存在しないけど、「ああそうか。もしかしたら、こういう意味かな」と、なんとなく想像できることも多い。一方で、聞いてもまったく意味がわからない和製英語もたくさんある。「エンディングノート」「ドクターストップ」「ペーパードライバー」などだ。これらは、ネイティブにはまったく通じない。

ネイティブの人の中には「こんなの英語じゃない」とバカにしている人も多いが、そもそも、和製英語は英語ではない。日本語だ。日本人のために作られたものなのだ。だから、日本というコミュニティの中で通じればそれでいいし、外国人がとやかく言う資格などないと思っている。ただし、英語圏の国に行くときは、そこはまた違うコミュニティだから、和製英語は通じないし、正しく使うほうがいい。

これは、若者言葉にも言えることだ。「悪魔的においしい」「ガチでやばい」「タピる」など、アンちゃんは若者言葉も大好きだ。新しい若者言葉を知るたびに、ワクワクしながら使ってみる。そうやって、どんどん言葉を生み出していく日本人の想像力もすばらしいと思う。

古くから、たくさんの慣用句がある日本語。小さな心の動きを細かく表現する単語の数々。さらに、外国の言葉を取り入れて、どんどん言葉を作っていく創造力。日本語の可能性は無限にあると思う。

ただ、やっぱり大切なのは、コミュニティごとに使い分ける技だと思う。和製英語や若者言葉は年配の人に対してや会社では使えない言語。

宮本さんは私に「『ジーンズ言葉』も楽しいけれど、いざというときにきちんとした『正装の言葉』を話したいものですね」という表現をした。アンちゃんも、言葉のＴＰＯを使い分けたいと思う。これもまた「郷に入れば郷に従う」ということだと思うから。

愛すべき和製英語と若者言葉を存分に使いたいから、その土台となっている正しい日本語を学んでいきたいと思っている。

第3章

相手を重んじて生まれる「優しすぎる日本語」

教えて！　宮本さん

「大丈夫」っていう言葉が大丈夫じゃないよ!?

ホテルのラウンジにて
コーヒーのお代わりいかがですか？
大丈夫です
コンビニにて
レシートは大丈夫ですか？
大丈夫です
え、レシートケガでもしたん？
外国人の友人
この前ご飯に誘ったら「大丈夫」って言われてOKかと思ったらNOだったんだよ
どういうこと？
ふむふむ
大丈夫が大丈夫じゃなくなってる！宮本さ――ん!!

ばってん福岡

「大丈夫」は優しさによって生まれた新しい断り方？

宮本さん、大変だよ、大変！　大丈夫という言葉が、大丈夫ではなくなってるよ!!

アンちゃん、大丈夫ですか？　まずは落ち着きましょう。

大丈夫の意味がわからなくなって、アンちゃんは全然大丈夫じゃない！

本来、「大丈夫」の意味は、

安心していられる様子
間違いがなく確実なこと
強くてしっかりしていること

ケガの様子や病状を尋ねられて、

「もう大丈夫です」

免震構造のマンションに対して、

「このマンションは震度7の地震が来ても大丈夫」

というように使います。強く間違いがなく、安心していられることを表します。

私も、教科書でそう習ったよ。

まず、「大丈夫」という言葉の語源から考えてみましょう。「大丈夫」は中国で周の時代に生まれた言葉です。当時は長さの単位を「丈」で表していたのですが、1丈は170〜180cmほど。当時の成人男性の身長に近かったため、男性のことを「丈夫」と呼んでいました。その中でも特に、強くて立派な男性のことを「大丈夫」と呼んだのです。この言葉が日本に伝わって、**「非常に強くて安心できる」という意味で**

使われるようになりました。

すごい！「大丈夫」は、立派な男性のことを指す言葉で、それが日本に伝わって「心配ない」「安心」という意味になったのか。漢字の語源って感動する！ でも最近、断られるときに「大丈夫です」と言われることが多いから、アンちゃんは混乱する。

「許可」に使われている場合ですね。

そう。しかも、YESでもNOでも使われるから、そのときのイントネーションや雰囲気で読み取らなくてはならない。外国人にとって、判断するのは至難の業《わざ》だと思う。たとえば、

「この洋服は試着しても大丈夫ですか？」

「大丈夫です」

の大丈夫はYESだけど、

「ランチ行く？」

「大丈夫です」

の大丈夫はＹＥＳの場合もあるし、ＮＯの場合もある。どんな顔をしていて、どんな声のトーンで言っているのかを考えなくてはならない。

この「大丈夫」の使い方は誤用です。この誤用は、物事を明確に伝えることが苦手な日本人の国民性から来ていると思います。特に、断る際に使う場合は、「結構です」「いりません」と言うよりも「大丈夫です」と言うほうが、丁寧で優しく聞こえるからでしょう。敬語を二重で使ってしまうのと同じ感覚なのだと思います。

でも、わかりづらいね（笑）。さらにわかりづらいのが、よいか悪いかを「大丈夫」で確認されるとき。スーパーのレジで「レシートは大丈夫ですか」と聞かれるときは、戸惑う。「レシートは大丈夫ってどういう意味？」って、アンちゃんはバリバリ悩む。

アンちゃんがそうやって素朴な疑問を持ってくれることで、僕たち日本人は、正しい日本語について考える機会をもらえますね。ここで、「大丈夫」について頻発している誤用と、正しい使い方について学んでみましょうか。

【何かを断るとき】

「ポイントカードはお持ちですか？」

×「大丈夫です」

○「持っていません」

「レジ袋は必要ですか？」

×「大丈夫です」

○「結構です」「必要ありません」「いりません」

「今日飲みに行きませんか？」

×「大丈夫です」

◯「行けません」

次の例文は、質問そのものも誤用です。

×「コーヒーのおかわりは大丈夫ですか？」

×「大丈夫です」

◯「コーヒーのおかわりはいかがですか？」

◯「結構です」「もう十分です」

「コーヒーで大丈夫ですか？」という言い方も、通い慣れた喫茶店で常連客との会話にありそうですが、正しい使い方とは言えません。「コーヒーはいかがですか？」「コーヒーでよろしいですか？」と言うほうがいいでしょう。

【許可を得るとき】

×「この服、試着してみても大丈夫ですか？」

×「はい、大丈夫です」

◯「この服、試着できますか？」

◯「はい、お試しください」

【よい悪いを伝えるとき】

「あのレストランの味どうだった？」

×「まあ大丈夫」

◯「おいしかった」「あまりおいしくなかった」

相手を思いやり、曖昧になっていく日本語

こうしてみると、「大丈夫」は、あらゆる場面で使っているよね。

そうですね。日本人はもともと、はい、いいえ、をはっきりさせることを好みません。結構です、よりも、大丈夫です、のほうが優しく聞こえるから、大丈夫を使うようになったのでしょう。もし、きっぱり断る、伝えることに抵抗があるのなら、**ただ「結構です」というのではなく「結構です。どうもありがとう」というように一言つけ加え**てみてはどうでしょう。正しい日本語を美しく、丁寧に使うために、一手間かけるという意識を持てるとよいですね。

アンちゃんは「はっきり言いすぎると相手を傷つけるかもしれない」って考える、日本人のそういう優しさは大好き。ときどき外国人が「は

い」か「いいえ」かはっきり言ってくれない日本人は困ると言うことがあるけれど、それは、日本にいるなら外国人のほうが日本の文化に従うべきだって思ってる。

とはいえ、曖昧にする文化によって、言葉がどんどん誤用されるのは避けたいですね。何が正しいのかがわかった上で、コミュニティの中であえて誤用を使っているのであれば問題ないのですが。母国語として使っている言葉は無意識ですから、正しい言葉を使いたいと思うなら、まず、ふだん自分が使っている言葉を意識することが必要だと思います。

宮本さんがいる限り、日本語は大丈夫ってアンちゃんは思う。これで、大丈夫が大丈夫になった！　よかった。アンちゃんも、もう大丈夫だ。

教えて！ 宮本さん

「させていただく」って使っていいの!?

私、敬語も勉強したい！
敬語
でも、敬語を本で勉強するのは難しい
いろんな人の敬語を聞き耳で覚えていくアンちゃん
そんなある日
その件は後日改めて連絡させていただきます
やったー!!
アンちゃん敬語が使えるようになった――！
博99
あれ？「させていただく」って二重敬語で間違ってません？
同僚
みんなが使ってる敬語を頑張って覚えたのに――！
そもそも二重敬語って何!?
宮本さ――ん！敬語の世界が厳しすぎる～
うんうんたしかに厳しいね
ぐる ぐる

ばってん福岡

笑いの本拠地大阪が生み出した二重敬語？

アンちゃんは、「させていただきます」っていう言葉の響きがとっても好き。二重敬語だって指摘されたけれど、響きはかっこいいと思う。今まで日本語を長く学んできたけれど、敬語はあまり習ったことがなかった。だから、まわりの人の日本語を真似して、耳で覚えた。「使えるようになった！　やった！」と思っていたけど、知れば知るほど「あれ？　間違っとる？」と思うことも多くなってがっかりする場面が増えた。初めて電話で「後ほど連絡させていただきます」って言えたとき、泣きそうなくらいうれしかったのに。

アンちゃん、その「させていただく」は二重敬語ではありませんよ。さらに、誤用でもありません。

ええええ！！！！　そうなの？　アンちゃんは間違ってなかった？

「させていただく」は、使役の助動詞「させて」＋「もらう」の謙譲語「いただく」が合わさった謙譲語です。そして、ここからが大事なのですが、「させていただく」は、使ってもいい場面と、使ってはいけない場面が明確にあるのです。文化庁の敬語の指針では、**「自分側が行うことを相手側又は第三者の許可を受けて行い、そのことで恩恵を受けるという事実や気持ちのある場合に使うことができる」**とされています。

つまり、

「させていただく」は、相手の許可を得て行い、自分にも都合のよいことがあるときにのみ、使える謙譲語

なのです。ですから、先ほどアンちゃんが使っていた「後ほど、連絡させていただきます」は、電話先の相手の許可を得て、電話をすることでアンちゃんにも都合がよいので、正しい使い方と言えます。

宮本さん、アンちゃんは目から鱗《うろこ》が落ちた。でも、「させていただく」は間違っているって言われるのはなんでなのかな？

さっきの２つのルールを考えると使える場面は少ないのですが、とりあえず丁寧だからという理由で「させていただく」を使うケースが増えているからだと思います。「資料を配らせていただきます」「こちらに置かせていただきます」など、相手の許可の有無を問わない、自分が一方的に行うことに対しても使われています。実際、これだけ使われているということは、日常でそれを使っても間違いとは言えないと思います。ただ、今のような使われ方が広まったのには、経緯があるのです。

これは、昭和40年代、東京に関西のお笑いタレントが進出してきたときに、彼らがよくしていた使い方です。

私が20年前、日本語を勉強しはじめたときには教科書になかった？

そうかもしれません。そもそも、使える場面が極端に少ないわけですから。もともと、なぜこの誤用がこれほど広まったかというと、関西のお笑い芸人が関東に進出した当時、関西の芸人さんが営業の際、「いやー東京にも芸人さんがたくさんいるのに申し訳ありませんねー、やらさせていただきます――」というふうに、へりくだって言ってみせたのです。

へりくだりすぎると、反対にどこか上から目線になる気がするね。

そうですね、多少、へりくだりすぎだったかもしれませんね。それも、お笑いの世界では笑いを誘うことができましたが、徐々に、へりくだる言葉を使いさえすれば、きちんと敬語が使えているというふうに、皆が勘違いしてしまったのは、残念なことだと思います。

だから何でもかんでも「させていただく」を使うのかぁ。

そうですね。もともと、日本ならではの、へりくだって伝えるのがよいという文化の中で乱用されるようになりましたからね。「ドアを閉めさせていただきます」は「ドアが閉まります」で十分。ただ、ふだん使う言葉は無意識です。口ぐせのようなものですから、適切な場面でだけ使用し、誤用しないようにするのは至難の業《わざ》でしょうね。

「バイト敬語」にご用心！

最近、カフェでコーヒーを頼むと「こちら、コーヒーでよろしかったでしょうか」と言われるよ。アンちゃんは目が点になる。コーヒーをお願いして、コーヒーが来て、「よろしかったでしょうか」って聞かれたら、何て答えたらいいのかわからん。よろしくないことってあると？

まあ落ち着いて（笑）。最近は、敬語の適切な使い方ができない人が増えていて、とにかく丁寧にしようという傾向があります。そうすると、より丁寧に聞こえるように、なぜか過去形になるようです。僕の中ではこれを「敬語の過去形症候群」だと考えているのですが。

カコケイ将軍!? あ、症候群か！

過去形将軍（笑）！ でもある意味そうかもしれません。ではアンちゃんは「よろしかったでしょうか」は、どう言えば正しいと思いますか？

「よろしいですか」かな。

その通り。「よろしかった」は「よい」を丁寧にして、過去形にした形です。つまり、「過去のことに対して、よかったかどうか聞く」という場面でのみ使える言い回しですね。コーヒーを出すときは、「コーヒー

をお持ちしました」が適切でしょうが、今度は、「コーヒーのほうをお持ちしました」ってよく聞きますね。これらを総称して、「バイト敬語」と呼ばれているようですよ。

「バイト敬語」！　知らんかった。

よく聞く「バイト敬語」を、正しく直してみましょう。

×1万円からお預かりします
○1万円お預かりします

×コーヒーのほうをお持ちしました
○コーヒーをお持ちしました

×こちら、メニューになります

○こちら、メニューでございます
×了解しました
○承知しました、かしこまりました
×ご予約されていますか
○予約されていますか
×おタバコはお吸いになられますか
○タバコは吸われますか
×お名前を頂戴できますか
○お名前をお伺いしてもよろしいでしょうか

これらは、必ずしも使っていることがダメなのではなく、コミュニティ内での言葉として楽しむのはよいと思います。でも、そこを出たときに正しい使い方ができるかどうか。学生さんなら就職活動、そして社会人、というふうに、必ずコミュニティの外に出る場面が生まれますからね。

知らぬ間に使っている「さ入れ言葉」

もう1つ、敬語を丁寧に使おうとして、間違ってしまっているのが「さ入れ言葉」です。これは「〇〇せていただく」がつく五段活用動詞に、「さ」を入れてしまうものを指します。これも、大阪のコメディアンが「やらさせていただきます」と使っていたことから、いつの間にか日常生活に定着してしまいました。ですが、公式な場では使わないようにしたいですね。アンちゃん、正しい使い方を学んでおきましょう。

×帰らさせていただきます

○帰らせていただきます

×歌わさせていただきます

○歌わせていただきます

×言わさせていただきます

○言わせていただきます

×見させていただきます

○見せていただきます

×読まさせていただきます

○読ませていただきます

×次に移らさせていただきます

〇次に移らせていただきます

日本語の敬語の間違いは、相手に失礼がないように、丁寧に、という気持ちから生まれているね。アンちゃんはその心遣いに感動する！　間違い言葉は普及してしまっているし、意味も通じるから、なかなか訂正する機会がないのが問題。アンちゃんは、宮本さんがいてくれて本当に感謝しているよ。

こちらこそ、日本人は日本語を無意識に使っていますから、アンちゃんのおかげで日本語を再発見できて感謝していますよ。

教えて！宮本さん

どうして日本人は「お茶が入りました」と言うの？

「食べれる、見れる」の「ら抜き言葉」

日本語の「ら抜き言葉」についてアンちゃんは知りたい。

僕も「ら抜き言葉」の行く末は気になっています。「ら抜き言葉」は、若者言葉から来ていると言われることがありますが、1961年に始まった加山雄三さんの映画「若大将シリーズ」の中で、田中邦衛さんが「僕のパパさ、社長やってんだけどさ、高いステーキ、いつも食べられるんだよなあ」って言っていて。昔は若者もちゃんと「ら」を入れて会話をしていたのです。

ということは最近の話ってことか！　外国人からすると、日本語の「らのある言葉」のほうが変則的で、覚えるのが大変だった。でも、多くの日本人は「ら抜き言葉」で話しているよね。

たしかに動詞の多くを占める五段活用では、可能動詞にするとき「ら」が入りません。「ら」の入る言葉は、「見られる」「食べられる」「寝られる」など特定の動詞で、言葉の省エネにより、「れ」の前の「ら」が抜かれて「見れる」「食べれる」「寝れる」と使われます。

もう1つ、日本語教師の方に聞いたところ、「理由があって〈ら抜き〉で話されている」という見解もあるようです。

省エネ化の1つではなくて、意味があるってこと？

そうです。たとえば、

「見られる」

この言葉だけを聞いて、「見ることができる」という可能表現か、見ていらっしゃるという尊敬表現か、受け身か、理解できますか？

できない！　まったくできません！　日本語検定の勉強をしているときも、毎回すごく迷う問題だった。日本語って、聞いたままではなくて前後の状況などで推測する言語、アンちゃんはそう思ってる。

推測言語（笑）。そうですね。**「られる」という言い方は、可能表現でも受け身表現でも尊敬表現でも使われる表現**です。さらに、日本語は、会話の中では主語を抜いて話す傾向がありますから「食べられますか」と言ったときに、「食べることができますか」と聞いているのか「召し上がりますか」と言っているのかがわからないのです。その結果、可能表現なのか、尊敬表現なのかが**理解しやすいように「ら抜き言葉」が浸透していった**という見解もあるのです。

聞いただけでどちらなのかがわかるという意味では合理的だし、外国人には優しい。

2016年に文化庁で発表された「国語に関する世論調査」では、「見られる」「見れる」「出られる」「出れる」など、いくつかの「ら抜き言葉」を使う人が多数派になりました。しかしながら、使い方としては誤用の範疇《はんちゅう》なので、きちんと話す場では「らの入る言葉」を使えるようにしておきたいですね。

書き言葉のときに注意したい「い抜き言葉」

「ら抜き」だけでなく、「い抜き」も、外国人には難しい。「そういうふうには習わなかったぞ！」って、悩む。

「い抜き言葉」も、話し言葉では日常的に使われていますからね。

アンちゃんがおもしろいと思っている「若者言葉」「話し言葉」には、

いろいろ抜いた言葉があるね。

言葉は、方言を含めてコミュニティの中でのコミュニケーションをとるものですから、そのコミュニティで通用するならいくら略しても成立はします。それぞれの場所での公用語をきちんと使うことができれば、僕は問題はないと思います。

そう！　アンちゃんもそう思う。だけど、大人の世界や公式な場では、正しい日本語こそが公用語。だから、知っておく、話せるようにしておくのは大切だと思う。

「い抜き言葉」の間違いについても、勉強しておきましょう。

○本を読んでいるから静かにして

×本を読んでるから静かにして

○アンちゃんは日本語のTシャツを着ている
×アンちゃんは日本語のTシャツを着てる

「い抜き言葉」は、いわゆる話し言葉ですから、書き言葉では使わないのが基本です。ただ、話し言葉で書くブログやSNSには乱用されていますから、いざ、公式な文章を書くとき、ビジネスメールを書くときなどは、意識して気をつけるようにしたほうがよいでしょう。

無意識で使っている言葉は、うっかり出てしまうから気をつけなきゃだね。これは「い抜き言葉」とは言わないかもしれないけど、形容詞の語幹を使った擬音語みたいな言い回しがたくさんある。たとえば「寒い」を「さむっ」、「すごい」を「すごっ」、「短い」を「みじかっ」って言うよね。

これもまた、言葉が省エネで、エネルギーを使わないようにしていると

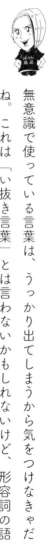

言えるかもしれませんね。

仕事で使っちゃうと「こわっ」だね。あれ、この本も公共の場だった(笑)。

我々のこの文章は会話という「話し言葉」でお伝えしていますからね。例文や、あえて使うのはよしとしましょう。

謙遜する国民性が生んだ、不思議な日本語

喫茶店で「こちら、コーヒーになります」と言うのが、アンちゃんは不思議で仕方がない。「コーヒーになるってことは、前は何やった?」「え、これから何かになると? 手品?」って思ってしまう。

そうですね（笑）。**「なる」は、「前の状態から別の状態に移る」ことや「物事が新しい形になって現れること」**を指します。「コーヒーになります」に違和感があるのは、変化したわけではなく「コーヒーをお持ちしました」「コーヒーです」という意味で使われているように思うからです。ところが、「なる」にはもう1つ、**「相手の予想から外れるかもしれないけれども、これは○○にならざるをえない」**という意味でも使われます。

つまり、

「こちら、コーヒーになります」

は、何かからコーヒーに変化しました、という意味で使われているのではなく**「お客様のご期待に応えられるかどうかはわかりませんが、これが、私どもの店ではコーヒーなのです」**

という意味で使われているのかもしれません。とはいえ、これは誤用ですから、公式な場では使わないほうがよいでしょう。

なんて複雑！（笑）。ものすごくへりくだっている。

日本で、お茶を出されるときによく「お茶が入りました」と言いますよね。あれも、本来はお茶が自ら茶碗の中に入ったりするはずもないので、違和感を抱きますね。

「お茶が入った」は、自動詞。
「お茶を入れた」は、他動詞。

日本では圧倒的に、会話の中では自動詞が好まれるのです。それは、人に対して動作を行う自分を公にせず、謙遜することをよしとしている文化の現れです。

「お茶を入れました」だと、「私がやりました！」って主張することになるから、それをあえて隠して謙遜しているということか。

そうです。**自動詞を使えば、動作が主語以外の人や物に影響を及ぼさずに自己完結します。結果のほうに視点が移りますから、その動作をした人の存在を隠すことができる。**自動詞は会話の中ではよく使われます。

「結婚することになりました」

「就職することになりました」

実際は「私は結婚することにした」「私は就職することにした」ですが、自分が決断したということを強く押し出さない。奥ゆかしい一方で、責任から逃れるためにもよく使われますね。

「パソコンが壊れた」

「壁が汚れた」

「コップが割れた」

など、結果のほうに視点を持っていくことで「自分のせいではないんだけどね」という意味合いを持たせます。

自動詞は、謙虚であったり、責任逃れだったり、忙しくておもしろい。
そういえば！　自動詞ではないけれど、最近よく聞くのが「僕も冬休みは旅行に行きたいじゃないですか」という言い回し。

ありますね。本来は「僕は旅行に行きたい」と言うところを、曖昧にして「僕も旅行に行きたいじゃないですか」と言う。これも「結婚することになりました」と同じく、自分の意思をはっきりと示すのではなく相手の同意を求めている言い回しでもありますね。

そう、そこにさらに「やっぱり」までつく。「僕もやっぱり冬休みは旅行に行きたいじゃないですか」。そんなことは、アンちゃんにはわからん。わかるはずがない。日本語はすごい回り道をするね。

もっと曖昧になっていく日本語

日本語と日本人の謙遜する性格が混ざって、どんどん曖昧になっている。でもそれは、アンちゃんから見れば愛《いと》しい日本の文化。おもしろいから研究してしまう。和製英語もそう。

アンちゃんは「和製英語の専門家」ですからね。

和製英語は大好き。そして「若者言葉」もおもしろい。ふだん、大学生を教えているから、毎日驚くね。たとえば、「私的には」って何？　とか。あ、「とか」もだ。「話とかしていました」とか（笑）、他にも、「微妙」「みたいな」もおもしろい。日本語はもっともっと曖昧になっていって、しまいにはテレパシーで会話するんじゃないかって、思うくらい。

アンちゃんには、日本語の揺らぎですら興味深いのですね。実は、それらの言葉についても、文化庁が使用頻度や認知の度合いについて調べているのです。2014年度の調査では、

「わたしはそう思います」を「わたし的にはそう思います」と言う……ある　19・9%

「鈴木さんと話をしていました」ということを、「鈴木さんと話とかしてました」と言う……ある　17・7%

「とても良かった」ということを、「とても良かったかな、みたいな…」と言って相手の反応を見る……ある　17・5%

という結果です。これらは、アンちゃんが言うように、物事をはっきりさせない国民性から来ていますね。

最近の「若者言葉」ではね、「悪魔的においしい」と言うよ。

悪魔的ですか（笑）。それは、いい意味で使われているのですね。

そう。「悪魔的」を使うのは一部の10代だと思うけど、「やばい」や「微妙」は、かなり日常で使われている気がするな。

それも、調査されているようですよ。

「とてもすばらしい（良い、おいしい、かっこいい等も含む）」という意味で「やばい」と言う……ある　26・9％

いいか悪いかの判断がつかないときに「微妙（びみょう）」と言う……ある　66・2％

という結果です。

わあああ、「やばい」と「微妙」がかなり市民権を得ていて、これこそ

「やばい」！　でも、これらも特定のコミュニティの中で使うなら、アンちゃんは「ガチで賛成」やけど、大事なときにきちんと話せないのは「ちょっと微妙」やね。

アンちゃんは、標準語と若者言葉と博多弁を完全に使いこなしていますね。

いや、本当のことを言うと、標準語は話せている自信がない！　アンちゃんの公用語が博多弁になっとるかもしれん！

日本語の曖昧さは世界一

アンちゃんは、もう20年も日本に住んでいるから、日本語に困ることはほぼない。でも、日本語の文法と単語がわかるからといって、相手の言っていることが必ずしも理解できているとは限らない。

以前、私が通っている教会の役員会議があった。日本人もアメリカ人もいたけれど、全員日本語がわかる人たちだったから、会議は日本語で進んだ。ところが、問題が起きた。

ある日本人の男性が、自分の意見を長々と話した。その後、日本在住39年になるアメリカ人牧師さんが「つまり、彼が言いたいのは……」と要約をしたのだが、牧師さんの解釈とアンちゃんの解釈はまったく違っていたのだ。アンちゃんも牧師さんも、日本語はペラペラ。その場にいて、同じ日本語を聞いていたのに、である。

原因は、日本人の独特な国民性とも言える「曖昧さ」によるものだった。多くの日本人は、言いたいことをはっきり言わない。何でも遠回しに話すから、聞いているほうは相手が何を言いたいのかわからない。

そして、日本には、英語にはない概念がある。「以心伝心」「本音と建前」「腹芸」など、曖昧にしているけれども読み取ってね、という概念だ。しかし、そんな概念のない外国人は日本に来ると額面通りに言葉を読み取って腹を立てることになる。

私の好きな表現に「空気を読む」がある。英語に同じ意味の言葉はないが、まわりの人の雰囲気を感じ取って、どうしたらいいかとか、どう答えたらいいかとか、正しく判断すること。

たとえば、誰かが「いいよ、一緒においでよ」と言っているけど、表情で本当はそう思ってないのを見て、「ああ、そうか。やめたほうがいいな」と自分が気づく。空気を読めない人は、何も気づかないまま、一緒に行って嫌がられる。その空気を読めないことはKYと略される。日本に住んでいる人はみんな、曖昧さの影響を受けている。

日本語自体にも曖昧な表現がたくさんあって、言葉だけを聞いていても理解できないことが多い。私は、これまでずっと、日本語を勉強しながら、日本人がどういう民族なのかを考えてきた。結果、たどり着いたのは「日本人＝周囲に迷惑をかけずに我慢する人」。言い換えれば「上下関係を大切にし、遠慮し、義務や義理を重んじる人」。

日本人は小さいときからずっと「迷惑をかけないようにしなさい」と言われて育つ。私の母国アメリカでは、自分の自由や、自分のやりたいことは絶対に邪魔をしないでほしいし、そこは自分の主張をするように育てられる。

日本語の曖昧さは、ただ単に、はっきりものを言いたくないからではなく、相手を傷つけないように、自分の気持ちだけを押しつけないように、という配慮があるのだ。

私は、この日本的な考えがとても好きだ。自分のことより他の人のことを考えることが好き。なんて素敵な文化だろう。

第4章

情緒と四季の豊かさが息づく「美しすぎる日本語」

教えて！　宮本さん

日本人はなぜ「緑」を「青」と言うの？

「緑」を「青」と呼ぶ日本の歴史と感性

宮本さん、日本ではどうして、信号の緑を青と言うの？　最初に聞いたとき、日本人の目には、本当に緑が青に見えるのかと思って驚いたよ！

日本に信号機が初めて設置されたのは1930年です。当時、法令には「緑信号」と記されていました。ところが、新聞記事などで「青信号」と記されたことで、「青信号」という呼び方が広まったと言われています。その後、法令でも「青信号」に書き換えられました。

なんで新聞に「青」と書かれてしまったの？

詳しい経緯はわかりませんが、**日本ではもともと、緑を青と呼ぶ歴史があります**から、その影響を受けたのかもしれません。

緑を青と呼ぶのかぁ。日本では、緑の野菜を、なぜ青菜とか青野菜って言うのか不思議だった！

その理由を説明するには、平安時代まで遡ります。**日本にはもともと色を表す言葉が、白、赤、青、黒の4種類しかありませんでした。**そのため、緑、紫、灰、も青と表現されていました。

ええっ！　色を表す言葉がたったの4種類!?　日本語で色を表す単語ってたくさんあるのに、驚き！

この**4つの色を表す単語はそれぞれが語幹となって、語尾に「い」をつけると形容詞になる特別な単語**です。

白い、赤い、青い、黒い。本当だ……。あれ？？　でも、黄色い、茶色い、も「い」をつけたら形容詞になるよ？

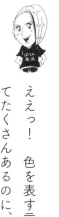

アンちゃん、よくごらんなさい。茶色い、黄色い、の場合は「い」の前に「色」がついていますよ。黄い、茶い、だと意味が通じません。**単体で色を表す形容詞になるのはやはり、白、赤、青、黒の4つだけ。**日本語で色を表す基礎となった単語だからでしょうか。

へ――――。知らなかった！

さらに、**「色」に「い」をつけて表現するのは、アンちゃんがさっき言った「黄色い」と「茶色い」だけで、その他は、「色の名前」に「の」をつけて表します。**「緑色の」というように。この使い分けは、日本人は当たり前のようにやっているので、こんな仕組みがあることを意識している人はほぼいません。

じゃあ、青と緑が区別されるようになったのはいつごろ？

平安時代の終わりから鎌倉時代と考えられています。中国から「碧空《へきくう》」という言葉が入ってきたころです。碧という字は、「あお」とも読みますし、「みどり」とも読みますね。このころから、少しずつ緑と青を区別するようになったと言われています。

その名残が今も残っているってわけか。

実は、これは日本語に限ったことではありません。**緑と青を同じ単語で表現し、区別するようになるのは、言語が発展するとき必ず通過するポイント**だと考えられています。

たしかに、英語圏でも、13世紀ごろまでは、緑と青は同じ単語 hæwen で表されていたっけ。

緑を青と呼ぶことによってできた単語はいろいろありますが、アンちゃ

ん、今パッと思い浮かぶ言葉は何ですか？

「隣の芝生は青い」「青二才」かな!? 隣の芝生が青いのは、隣の芝生が緑色をしていてきれいでよく見えるってことかな。でも、青二才はどうして二才なのかは……わからん！

さすが、アンちゃん！ すごいところを突いてきますね。「青二才」は未熟という意味です。ここで言う青は、野菜の実などが赤くなっていないまだ青くて若いという意味で使いますが、二才は、経験が浅い若い男性のことを「新背」が変化して二才と言うようになったという説があります。

二歳児のように幼い、という意味じゃなかったのか……。

ではアンちゃん、青のつく言葉で、日本人でも使い間違いの多い2つの

言葉をおさらいしておきましょう。若い優秀な人材を早くから目をつけて会社など組織に引き入れると言う意味で使われるのは「青田刈り」と「青田買い」、どちらが正解だと思いますか？

うーむ、どっちも聞いたことがあるよ。

どちらも、言葉としては間違ってはいないのですが、

「青田刈り」は戦国時代の戦い方を指す言葉です。

青田は、収穫には早いまだ稲が緑のままの田んぼのことを指します。敵陣の周辺の田んぼの稲を実る前に刈ってしまうことで、敵方に兵糧を調達させないようにする戦術のこと。

一方、

「青田買い」は水稲が成熟する前に、収穫量を見越して先に購入することを指します。

これが転じて、新入社員の採用を行う場合に早い段階から学生に対して内定を出すことや、不動産において新築未完成の建物を購入することを意味します。

ということは、早めに優秀な人材を確保するというときに使うのは「青田買い」か！

その通りです！　ところでアンちゃん、日本語で緑なのに黒と呼ぶものが1つありましたね！

緑を黒？？　もしかして、黒板!?

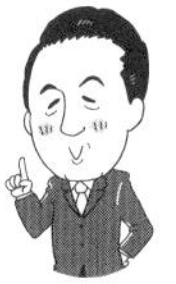
その通りです。英語のブラックボードを直訳したからです。

宮本さんが英語の解説までしてくれるなんて――！　アンちゃん感動!!

「赤」「紅」「朱」をどう使い分ける？

私は和製英語が大好き。でもね、美しい単語は日本語のままでも使ってほしいと思ってる。和色もそう。

たしかに、ペパーミントグリーン、レモンイエローなど、最近は、色をカタカナで伝えることが多いですね。

でも、日本語は、漢字そのものに意味がある表意文字でしょ？　たとえばコバルトブルーは群青、ラベンダーは菫《すみれ》と言うほうが、色が持つ季節

や情景までイメージできるし、何より言葉が美しいと思うんだけど。

日常会話の中だとカタカナ語に慣れてしまっている人も、きちんとした文章を書くときに、和色をちょっと使えるように覚えておきたいですね。

和色というと、アンちゃん、赤を指す和色の代表、赤、朱、紅の違いがわかりますか？

なんとなく色合いが違うということはわかるよ。赤はレッドだけど、朱は少し黄色っぽい赤って印象。

語源を遡りながら色味をイメージしてみましょう。

「赤」は、白、青、黒と合わせて日本で最古の色名です。

青と同じく赤は、もともとは暖色全般を指す言葉でした。夜が明けて明らかになることを指して「赤」になったとされ、「赤の他人」という表現は、この「明らか」からきています。朱も紅も「あかい」と読むことがありますが、常用漢字表で「あか」という読み方が正式に認められているのは現在のところ「赤」だけです。

「朱」は、もともとは、漆器に使われる黄色味のある赤色の顔料のことです。

縄文時代から漆器に使われ「真朱《しんしゅ》」と呼ばれていました。「朱に交われば赤くなる」ということわざがありますが、これは漆塗りの染料に触れるとすぐに赤く染まることから、「人は、今いる環境や関わる人によって多大な影響を受ける」という意味で使われます。

「紅」はキク科の紅花《べにばな》の汁で染めた鮮やかで深みのある赤色のこと。

日本の国旗の色は「紅色」と定められています。「紅を差す」という表現がありますが、これは、口紅や頬紅を塗るという意味と、恥ずかしさなどで頬が赤くなるという意味があります。

それぞれの**色名の成り立ちを知ると、より色合いをイメージしやすくなります**ね。興味が湧いて、使ってみたくなるでしょう。

アンちゃんは日本に来て、「朱に交われば赤くなる」ですごく日本色に染まったし、もっともっとこんな美しい日本文化に染まりたい！　もうね、日本の感覚になじみすぎて、アメリカ人の夫と国際結婚をしている気分よ（笑）。

教えて！ 宮本さん

「ズキズキ」「キリキリ」日本人のオノマトペがすごい！

親友マキコ
アンちゃん今日夕立が来るらしいよ洗濯物入れてきた？
ユウダチ？何それ？
雨降ってきた？
ポツポツ小雨だよ
「ポツポツと小雨」って何？
別の日
ザーザー降りだったけどだんだん小雨になって今は霧雨がシトシト降りよるよ
!!
雨のバリエーション多すぎ！
ポツ
ザー
ポツ
ザーザー
ドシン
宮本さーーん！
サッ
雨

ばってん福岡

雨の呼び名は400を超える？

日本語はとても不思議。省エネになって、みんな略語をたくさん使う一方で、細かい表現はたくさんあるよね。たとえば、雨。「小雨」「涙雨」「天気雨」「通り雨」……いったい、どれがどのくらいの雨で、いつ降る雨なのか、まったく理解できない！

一説では雨の呼び名は400を超えるとも言われています。昔から、温暖湿潤気候で、雨が多かった日本では、季節ごと、降り方ごとに呼び名があったんですね。よい機会ですから、今でもよく使われている雨の名前を覚えましょう。

「春の雨」

春雨（はるさめ）：晩春に静かに降る細かな雨。

五月雨（さみだれ）：旧暦5月に降り続く雨。

梅雨（つゆ・ばいう）：6月ごろ降り続く長雨。またはその季節。

空梅雨（からつゆ）：雨があまり降らない梅雨のこと。

「夏の雨」

夕立（ゆうだち）：夏の午後から夕方に短時間で雷を伴って降る強い雨。

神立（かんだち）：夕立の別名。雷、雷鳴。神様が何かを伝えるために降らせることをとらえた言い方。

「秋の雨」

秋雨（あきさめ）：秋に降る冷たい雨。

霧雨（きりさめ）：霧のように細かい雨で、春に降る場合は「小糠雨（こぬかあめ）」と言います。

「冬の雨」

時雨（しぐれ）：秋の末から冬の初めに、降ったりやんだりする弱い雨。
氷雨（ひさめ）：ひょうやみぞれに近い、極めて冷たい雨。

こんな言葉をさらっと使うことができたら素敵ですよね。

でも、どれがどの雨なのか、どうやって見分けているのか不思議。

日本語には四季があって、四季が季節の言葉を作ります。

四季によって、かなり生活リズムが決まっているよね。アメリカには「衣替え」という概念もあまりないし、季節によって雨の呼び方が変わることもない。日本に来てすぐに思ったのが「どれだけ季節を大事にする国なの!?」ということ。雪にも、風にも、たくさん名前がついているでしょ？

そうですね。雪、風は、現在でも使われる呼び名はそう多くありませんから、アンちゃん、覚えてみましょう。

「雪の名前」

初雪（はつゆき）：その冬初めて降る雪。
牡丹雪（ぼたんゆき）：ぼたんの花びらのように大きな雪。
粉雪（こなゆき）：粉のようにサラサラした細かい雪。

「風の名前」

青嵐（あおあらし）：茂った青葉を揺らすように吹くやや強い南風。
春風（はるかぜ）：春に吹く風。
秋風（あきかぜ）：秋になって吹く涼しい風。
熱風（ねっぷう）：熱気をふくむ風。
木枯らし（こがらし）：晩秋から初冬にかけて吹く、冷たく強い風。
朝風（あさかぜ）：日の出の後に陸から海へ、山から谷へ吹く風。

微風（そよかぜ）：穏やかに吹く風。

それにしても、日本人は自然を本当に大事にしているのが日本語からもよくわかる。災害があっても、自然を責めない。海を責めることもなければ、地面を責めることもない。地震の後に「なんで揺れるんだよ」とは言わないでしょう？　それは日本人が持っている八百万《やおよろず》の神への信仰の心なのだと思う。

山にも波にも、すべてに神がいる。それは、日本人の土台になっていると思います。意識していなくても、そうやって生きてきた感覚は失われはしません。

だからアンちゃんは「折り合う」という日本語が好き。自然と折り合って生きていく。それが言葉にも表れていて、日本語を知るたびに感動するよ！

擬音で通じてしまう奇妙な日本語

日本人が当たり前のように話していて、外国人から見るとなかなか理解できないのが、オノマトペ。擬音語や擬態語です。雨や風の度合いを、みんな普通にオノマトペで話す。でも、アンちゃんにはなかなか理解できない。

「雨がザーザー降っています」という表現ですね。

そう。雨が、ザーザー降ったり、ポツポツ降ったり、しとしと降ったり。

音象徴《おんしょうちょう》語《ご》ですね。これらの擬音語、擬態語にもルールはあるのです。**擬音語や擬態語のルールは、「濁音が大きいもの、重いもの、鈍いもの、汚いもの」を表し、半濁音は「清音と濁音の間**

のもの」を表し、清音は「小さいもの、軽いもの、鋭いもの、美しいもの」を表します。日本人だと、わざわざそれについて意識して話しているわけではなく、感覚で話しています。さて、アンちゃん、ザーザー、ポツポツ、しとしと、だと、雨の強い順に並べるとどうなりますか？

濁音のザーザー、半濁音のポツポツ、清音のしとしと、かな。

正解です。これを意識するだけでも理解しやすくなります。とはいえ、日本語は他の国の言語に比べて音象徴語、つまり音を大切にする語が3倍とも5倍とも言われています。多くが感覚で理解しているものなので、論理的に完全に理解するのは難しいでしょうね。

自然の状態を表す言葉だけでなく、道案内もよくわからない。「この道をガーッと行って、グワーッと曲がって、バーッと行ったら着くよ」っ

て（笑）。でも、皆、理解できていて、アンちゃんは驚いた。「なんでみんな、これ理解できる？」って思った。他にも、お腹が痛くて病院に行ったときに「シクシク痛む？　キリキリ痛む？　ズキズキ痛む？」って聞かれて、その違いがわからずに困ったよ。だから、日本人の親友に聞いてみた。「日本人はなぜ、あんなにオノマトペでしゃべるん？」って。そしたら、「わかりやすいから」って（笑）。アンちゃんには、余計わからんよ！

僕たちアナウンサーは、音象徴語ではあまり話しません。「先ほどまで小雨でしたが、雨足が少し強くなってきました」というように話します。同じように、ビジネスの場では、日本人も音象徴語で話すことはそう多くないでしょう。とはいえ、これだけ日常で使われていて、意識せずに話しているので、生活の中で自分の感覚に取り入れていくしかないですね。

　音象徴語といえば、実は、日本最古の書物、『古事記』にも出てくるのです。神様が、日本列島を生み出すために矛《ほこ》をさしてかき混ぜるときに「こをろこをろ」と音を立てます。

なんと！　日本の神様もオノマトペで話してたのか。やっぱり日本語には神道がしっかり結びついているね。だったら、もう、それは日本語の一部として、頑張って覚えないかん。アンちゃんはこれから、バンバン、ガンガン、ガッツリ、勉強するよ！

教えて！宮本さん

どうして「桜見」ではなく「花見」と言うの？

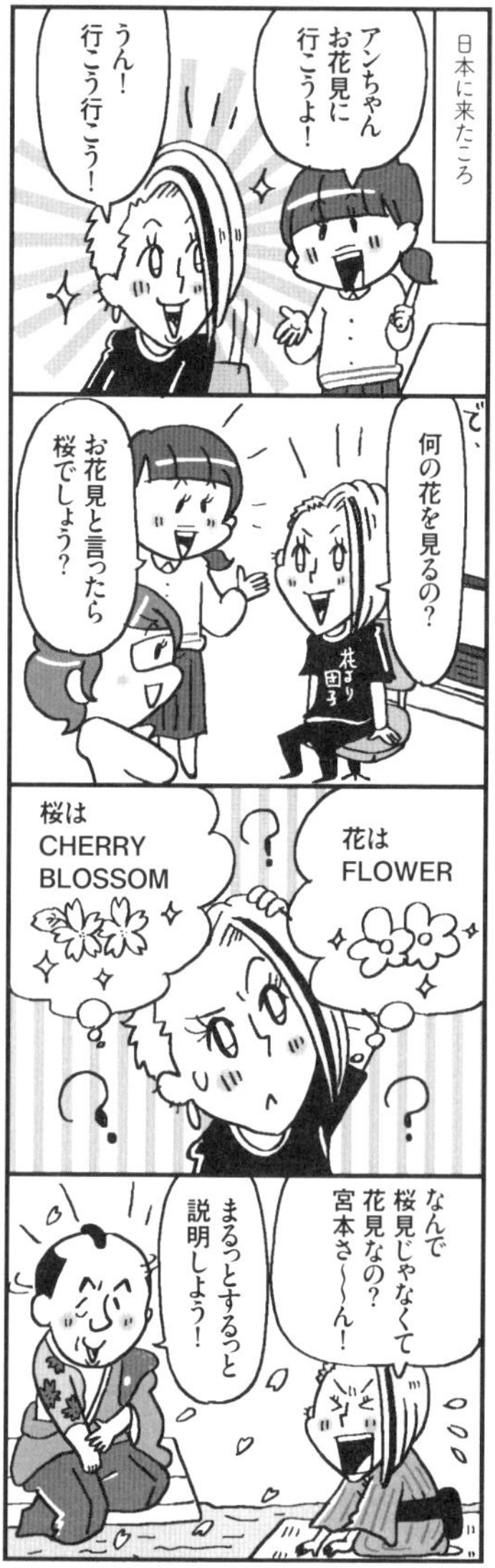

世にも美しい、日本の文化を表す「花見」

宮本さん、なんで「桜見」じゃなくて「花見」と言うの？

日本の花見の歴史は古く、奈良時代から始まっています。その時代の「花見」は、桜ではなく梅だったと言われています。梅は唐（現在の中国）から輸入されたもので、貴族が愛でるものだったと考えられています。

梅は貴族が見ていた花だったのか。

そうです。ですから、奈良時代に「花」と言うと「梅」のこと。そして「花見」は、貴族が梅を愛でる会のことでした。しかし、その後、梅と桜が入れ替わっていきます。奈良時代の「万葉集」には、梅を詠んだ句

が100首前後もあるのに対し、桜を詠んだ句は40前後だったのですが、平安時代の「古今和歌集」では桜の方が多くなっていきます。さらに、桜のことを「花」という言葉で表現するようになっていきました。

桜が梅に勝った！　そして、桜が花になった！

大衆に桜が好まれるようになったのは、江戸時代だという説があります。**桜の「さ」は、田の神様を表します。「くら」は、神が座る場所。**人々は、春が来て田植えの時期を迎える前に、山に咲き誇った桜を見て、そこに田の神が降りてきたと考えたのですね。神が宿る桜に向けて、お酒や食べ物をお供えするようになりました。

桜の木に田の神様が宿るのか。ここにも「八百万の神」の考え方が生きてるね。言葉の響きも「ハナミ」の方が美しいいね！

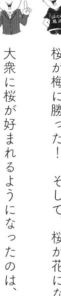

そうですね。また、桜はパッと咲いて、サッと散ります。日本人は、桜の儚さや潔さに、生きる理想像を重ねたのではないでしょうか。

桜はただの花じゃないんだね！

田の神様という考え方もそうですが、日本人には、無宗教という感覚が強い人が多いのですが、実は、神道や仏教の影響を多分に受けています。

アンちゃんはクリスチャンだけど、日本の神道の考え方には興味ある。「いただきます」も、本来はすべてのものに命が宿るとされていて、**「その食材の命を私の命にさせていただきます」という意味**よね。アンちゃんはそれを知ってから、食べ物を残さずにいただくようになった。おかげで摂食障害を克服することができた。でも、最近はこの「いただきます」の意味を知らない人が多いよね。アンちゃんも大学の生徒に聞いてみたけど、知っている学生は23人中1人しかいなかった。

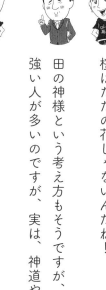

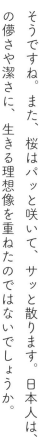

最近では、「給食費を払っているから子どもに〈いただきます〉と言わなくてもいい」と言っている親もいると聞くけど、「いただきます」は、日本の文化の象徴で、「生きる姿勢」そのものだと思うから、アンちゃんは大事にしたい。

レストランでも「お金を払っているから〈いただきます〉と言わなくてもいい」と考えている人も少なからずいるようです。本来の「いただきます」は、命をいただくこと。正しい日本語と一緒に、美しい日本の考え方を伝えていきたいですね。ところで、アンちゃん、「ごちそうさま」の意味はわかりますか？

「ごちそうさま」は、食事を出してくださった方への感謝の気持ちなんじゃないかな。

その通り。漢字で「御馳走様」。「馳走」とは「走り回る」「馬を駆って

走らせる」という意味です。方々巡って食材を得、料理を作り、もてなすために奔走する様子を表しています。そこから心を込めたもてなしや、おいしい食べ物、豪華な食事を意味する言葉になりました。「御」がついて丁寧語になり、「様」という接尾語がついて挨拶語となりました。

命をいただくことへの「いただきます」、もてなしてくださった方への「ごちそうさま」は、本当に美しい日本語だと思う。

元旦と元日の違いとは

日本は、四季の行事もそうですが、暦《こよみ》の言い回しがたくさんあります。その代表格が「正月」です。アンちゃんは「元旦」と「元日」の違いはわかりますか？

元日は1月1日のことで、元旦は元日の朝のことかな。

そうです。さすがアンちゃん。元旦の「旦」の字は、太陽が水平線から出てくる様子を表した漢字です。朝や夜明けを示します。じゃあ、ここでアンちゃんに質問。年賀状に書くのは「元旦」「元日」どちらでしょうか？

ええっと、元旦って書いてあるのが多いと思う。

そうですね。元旦と書く理由ですが、**年賀状は1月1日の朝に到着するように出すのが礼儀だから、朝に届いているという前提で「元旦」とします。**では、「正月」は何を意味するかわかりますか？

正月、は、元日のことかな。

「正月」は、1月を指す言葉です。

え！　じゃあ、1月はずっと正月なの？

その通り。ただ、一般的には「正月」というときは、7日くらいまでのことを言います。というのも、**お正月の門松が飾られている間を「松の内」と呼びます。**それが、関東では7日まで、関西では15日までが一般的。その期間を指して「正月」と呼ぶようになったと考えられます。

日本のお正月はとても厳《おごそ》かだと思う。

大事にしたい文化です。ところで、アンちゃんは「和風月名《わふうげつめい》」を知っていますか？

知らないけど好きな響き！　ワフウゲツメイ。唱えたい！

これは、旧暦で使用していた月の読み方のことです。美しい和暦についても勉強してみましょう。

1月は「睦月（むつき）」

正月に、親類一同が集まって、宴を催し睦《むつ》みあう（親しくする）の意味です。

2月は「如月（きさらぎ）」

「衣更着（きさらぎ）」とも言います。寒さがぶり返し、いったん脱いだ衣類を再び着る月という意の「衣更着」が「きさらぎ」の語源になったという説があります。

3月は「弥生（やよい）」

暖かさが増し、草木が生い茂るという意味の「いやおい」が「やよい」になったという説があります。

4月は「卯月（うづき）」

「卯の花（ウツギの花）」が咲き誇る月。他にも、この時期に田植えをするので「植月（うづき）」から「卯月（うづき）」になったという説があります。

5月は「皐月（さつき）」

「皐」という字には水田という意味があります。早苗を植える月が「さつき」となり、後に「皐月」となりました。

6月は「水無月（みなづき）」

梅雨が明けて、水が涸《か》れて無くなる月であるという説と、田に水を引く月という意味の「水月」が変化したという説があります。

7月は「文月（ふみづき／ふづき）」

稲の穂が実る月「穂含月（ほふみづき）」や、短冊に歌や文字を書く七《たな》夕《ばた》の行事の「文披月（ふみひろげづき）」が変化したと言われています。

8月は「葉月（はづき）」

旧暦では7月から秋となり、8月は秋真っ盛り。葉の落ちる月「葉落月（はおちづき）」から変化したと言われています。

9月は「長月（ながつき）」

秋の夜長を意味する「夜長月（よながづき）」が略されて「長月」になったと言われています。

10月「神無月（かんなづき／かみなしづき）」

10月は、全国の八百万の神様が一部の留守神様を残して、大地の神様「大国主命《おおくにぬしのみこと》」を祀る出雲大社に会議に出かけてしまうという神道の言い伝えから。神様がいない月なので「神無月」ですが、出雲大社のある島根県でのみ「神有月（かみありつき）」と言われます。

11月「霜月（しもつき）」

霜が降りる月という意味で「霜降月（しもふりづき）」から変化しました。

12月「師走（しわす）」

1年の終わりの月は、僧（師）を迎えて、お経を読んでもらっていました。師が馳《は》せる月という意の「師馳す」が「師走」になりました。

日本は四季の変化で月を呼んでいたんだね。なんか、感動する。日本語はやっぱり美しい。それに場所によって神がいる月、神がいない月、と言うなんて神秘的！　やっぱり日本は神様を大事にする文化と、それによる言葉がたくさんあるね。師走は今でも聞くね。「師走の大掃除」。

さて、アンちゃん、「盆と正月が一緒に来たよう」ということわざの意味はわかりますか？

ええっと、「すごくうれしいことがいっぱいある」という意味。

それも正解です。盆や正月は日本ではとても大事にされている特別な行事。1年のうちでいちばん賑《にぎ》やかで慌《あわ》ただしいということから、うれしいことが重なることを「盆と正月が一緒に来たようだ」と言いますね。もう1つ、非常に忙しいことを意味して使うこともあります。

アンちゃんは最近、大学で教えるのはもちろん、テレビに出たり、講演したり、本を作ったり……。盆と正月が一緒に来たような毎日だよ!!

アンちゃんコラム 4

心が言葉に表れる、美しい日本語

日本に来て間もないころ、アンちゃんには日本にとっての「桜」や花見の価値が理解できなかった。なぜ、まだストーブが必要な寒い早春に、わざわざ桜の木の下で、ビールを飲みながら桜を見るのか。いや、むしろ誰も見上げていないようにも見える。

いったい、この文化は何なのか。

それが理解できたのは2011年3月11日に起きた東日本大震災の後だった。

震災の後、日本中が暗くて、落ち込んでいるようだった。まるで、大きな雲に覆われているような感じだった。

笑いがなかった。

喜びがなかった。

元気がなかった。

希望がなかった。

「日本は、この暗闇から出られると？」とアンちゃんは思った。

でも、不思議なことに、春になって桜が咲きはじめたら、日本中が、同時にちょっと明るくなった。

笑顔が見えた。

希望が見えた。

桜を見上げる日本人の顔からは「つらいけど、みんなで、なんとか、この悲しみを乗り越えよう」。そんな思いを感じた。

桜は、ただの花じゃない。桜は、日本人に希望を与えるものだ。

なぜなら桜の季節は特別な季節。小・中学生の間は、どんなに成績が悪くても、また、新しい学年が始まる。日本人はそうやって桜とともに新たな季節を迎えてきたのだ。

どんなに失敗しても、またチャンスがある。

どんなに悲しくても、立ち直ることができる。

学校。仕事。不安な気持ち。全部リセットするみたいに訪れる春に、満開の桜が花吹雪で応援をしてくれているようだ。

たまに、海外の学校と合わせるために「日本の学年も9月から始めよう」という声が上がるが、それは絶対にしてはならないと思う。

桜が、咲いていない。

桜のない新学年は、日本にとってはありえないと思うのだ。日本の文化は、四季とともにあり、その繊細な感性とともに育まれてきた。

桜は、やっぱり、ただの花ではない。

新しい季節の象徴であり、希望を与えるもの。

アンちゃんにはやっと桜の魅力がわかってきた。そして、日本と日本の言葉をもっと好きになった。

あとがきに代えて

親愛なるアン・クレシーニ様

アンちゃん、あなたの旺盛な探究心、本当に頭の下がる思いです。今日はいくつ新しい発見がありましたか？

日本語は本当に奥深く、曖昧さを有し、それでいて繊細で美しい。私たちは外国人であるアンちゃんの素朴な疑問から、そのことを再発見できたように思います。あなたの視点のおもしろさと、わからないことをわからないままにしない勉強熱心さ、そして何より、日本語や日本への愛に心から敬服します。

初めて会った日、アンちゃんは私に「宮本さん、お正月の予定はありますか？」と聞きました。私はそれに対し、こう言いました（思えばこれが、最初の日本語談義でしたね）。「アンちゃん、それは質問が二重になっていますよ。予定がありますか？　に対して『はい』『いいえ』がまず必要になり、そのあとで再度『どんな予定ですか』と問う必要が出てきます。ですから、お正月の予定を聞きたいなら『お正月は何をしますか？』と聞くほうがよい。二度手間にならない言葉の省エネです」

そのときのアンちゃんの目の輝きが今でも忘れられませんが、あの質問を皮切りに、私たちは実にたくさんの日本語の冒険をしてきたように思います。２人でいくつもの辞書を引いたこともありましたね。

アンちゃんに指摘されなければ意識に上らなかった、日本人が無意識に使う日本語。日本語を一から習得したアンちゃんだからこその「なぜ」の視点がとても新鮮でしたし、日本人として日本語を振り返り、また、日本文化を理解するためにも、とても価値あるものだと思いました。

何度もお伝えしましたが、日本語は常に移ろいつづける言語です。アンちゃんが「日本語は世界一曖昧」と言うように、本来、誤用であっても、使われていくうちに市民権を得、許容されていくものです。ですから、私がお伝えしたかったのは、「これは間違い」「正解はこれ」という単なる正誤ではありません。移ろいゆく日本語をアンちゃんとともに考えながら、日本語がいかに奥深い言葉で、その背景に文化と言語との密接なつながりがあるという事実を、再発見することでした。

日本語をもっと深く知り、美しく使い、楽しむ。読んでくださる方にそれをお伝えしたいと、ともに作ってきたこの本ですが、あなたと日本語について語らう時間は、まさに私にとって刺激的で楽しい至福の時間でした。

最後のコラムの「桜」の話は胸に響きます。あなたの日本語がすばらしいというだけでなく、日本文化の中に生き、また、あなたなりの立場で、日本文化を伝承し、誰かに伝えたいという真摯な思いがにじみ出ているように感じたからです。

さぁ、アンちゃん。日本語の旅はまだまだ続きます。これからも多くの方々の力を借りながら、日本語や日本のよさを見つけていきましょう。

宮本隆治

参考文献

『広辞苑　第七版（普通版）』新村出編（岩波書店）
『広辞苑　第六版（普通版）』新村出編（岩波書店）
『日本国語大辞典　第2版』小学館国語辞典編集部編　（小学館）
『三省堂国語辞典　第七版』見坊豪紀ほか編（三省堂）
『大辞林』松村明編（三省堂）
『大辞泉』松村明監修（小学館）
『暮らしのことば 新 語源辞典』山口佳紀編（講談社）
『間違いやすい日本語1000』NHKアナウンス室編（NHK出版）
『ことばのハンドブック　第2版』NHK放送文化研究所編（NHK出版）
『東京ふしぎ探検隊　日経プレミアシリーズ』河尻定（日本経済新聞出版社）
『昭和史探訪③』三国一朗（番町書房）
『花見と桜＜日本的なるもの＞再考』白幡洋三郎（PHP新書）
『数え方の辞典』飯田朝子、町田健監修（小学館）
『枕草子』清少納言　池田亀鑑校訂（岩波文庫）
『バイリンガル聖書〔旧新約〕新改訳2017』いのちのことば社出版部（いのちのことば社）
『ヘンな「呼び名」のおかしな由来　卓袱台のちゃぶって何だ』素朴な疑問探究会編（河出書房新社）
『正しい日本語どっち？500』瀬崎 圭二監修、日本語力検定委員会編（彩図社）
『実用　言葉の語源』生活情報研究会編（ごま書房）
『日本語の正しい使い方すごい辞典』言葉の達人倶楽部（KKロングセラーズ）
『問題な日本語―どこがおかしい？何がおかしい？』北原保雄編著（大修館書店）
『続弾！問題な日本語―何が気になる？どうして気になる？』北原保雄編著（大修館書店）

参考資料

文化庁「国語に関する世論調査」
http://www.bunka.go.jp/tokei_hakusho_shuppan/tokeichosa/kokugo_yoronchosa/index.html

国立国会図書館
「日本の暦」https://www.ndl.go.jp/koyomi/chapter3/s8.html

NHK放送文化研究所
「ことばの研究」https://www.nhk.or.jp/bunken/research/kotoba/

日本漢字能力検定公式サイト
「どれだけ知ってる？　漢字の豆知識」https://www.kanken.or.jp/kanken/trivia/

東北大学電気通信研究所
「最近30年における日本語の色名語の進化を導出」
https://www.tohoku.ac.jp/japanese/newimg/pressimg/tohokuuniv-press20170301_03web.pdf

アン・クレシーニ

北九州市立大学准教授。アメリカ・バージニア州出身。メアリーワシントン大学卒、オールドドミニオン大学大学院にて応用言語学修士取得。福岡県宗像市在住。流暢な博多弁を話し、日本と日本語をこよなく愛すアメリカ人言語学者。専門は和製英語。研究と並行し、バイリンガルブロガー、スピーカー、テレビコメンテーターとして多方面に活動。西日本新聞で日本の文化と言葉についてつづる「アンちゃんの日本 GO!」を連載中。バイリンガルブログ「アンちゃんから見るニッポン」も話題。著書に『ペットボトルは英語じゃないって知っとうと!?』（ぴあ）がある。

宮本隆治

元 NHK アナウンサー。福岡県北九州市生まれ。1973 年慶應義塾大学卒業後、NHK へ入局。「NHK のど自慢」など NHK の名物番組の司会を歴任し、「NHK 紅白歌合戦」では 1995 年から 6 年連続で総合司会を務め「ミスター NHK」の異名をとる。2007 年に定年退職後、フリーアナウンサーに。2009 年には「天皇陛下御在位二十年記念式典、並びに国民祭典」、2019 年には「天皇陛下御即位三十年奉祝感謝の集い」の司会を務めた。美しい日本語を話すこと、美しい日本語を残すことを人生の使命としている。

教えて！　宮本さん
日本人が無意識に使う
日本語が不思議すぎる！

2020年1月10日　初版印刷
2020年1月20日　初版発行

著　者　アン・クレシーニ
　　　　宮本隆治

発行人　植木宣隆
発行所　株式会社サンマーク出版
　　　　東京都新宿区高田馬場2-16-11
　　　　電話　03-5272-3166
印　刷　株式会社暁印刷
製　本　株式会社村上製本所

ISBN978-4-7631-3809-5 C0095
ホームページ　https://www.sunmark.co.jp